国民健康保険料が高すぎる!

保険料を下げる10のこと

笹井恵里子

ジャーナリスト

826

中公新書ラクレ

はじめに

日本で約2500万人が加入している国民健康保険（国保）。私も10年以上前から国保に加入している。

そして私の国民健康保険料（国保料）は2021年度、年間約88万円だった。6月から翌年3月までの10回払いなので、月々およそ8万8000円である。自治体から保険料決定通知書を受け取った時、あまりの金額の高さに絶句した。知人に話すと、国保料は前年の所得に基づいて決定されることから「稼いでいるんでしょう」と指摘された。

私はフリーランスで原稿を書く仕事をしているが、その前年、20年は年収約890万円。たしかに19年より収入が約330万円も多かった。当時3媒体で連載をスタートし、書籍を出版し、コロナ禍に入る直前に講演を多くご依頼いただいたからである。

けれども国保料の通知書を受け取った21年6月、今年は昨年ほど稼げる自信がないと思った。フリーランスで生きていると、翌年どころか来月の収入さえ見通しが立たない。しかもその年収890万円には、交通費や資料代など取材経費が含まれ、経費を引いた所得は約640万円である。稼いだ年であっても、640万円が実質の私の生活費だとして、そこから88万円……。

88万円といえば、本1冊分の原稿料を超える額でもある。例えばこういった新書を書く場合、取材と執筆、校正を含め、丸々2か月分の時間を要する。2か月間、国保料の支払いだけのために仕事をしろというのか。猛烈に怒りがわいてきた。

払えない、と思った。「ゴネて払わない」わけではなく、本当に捻出できないのだ。この頃、高校生の娘を抱えるシングルマザーでもあり、彼女の教育費も守らなければならなかった。

当時居住地の区役所に相談に行った。同じようなフリーランスの人に聞いてみた。もちろんインターネットでも調べた。専門家が執筆する本も探した。収入がほとんどない人は「減免」「軽減」という手段がある。けれども私のような中間所得層が国保料を支払えない場合、どうしたらいいのかという「答え」はどこにもなかった。

その突きつけられた国保料88万円をどうしたか。実は所得によって保険料が変わらない「職業別の国保（国保組合）」に加入し、年度途中から大幅に国保料が減額され、年間44万円になった。これについて詳しくは本書をご覧いただきたいが、だがこれも、3年前と比べて24年度は12万円も上がり、同条件で年間56万円になった。国保料は年々上昇している。上限額は3年連続の値上がりだ。インターネットで国保料を安くするための記事を執筆すると、100万PVを超えるほど多くの人がアクセスしてくれた。皆、困っているのだろう。

そこで本書ではわかりやすく、「国保料を下げる方法」を紹介する。これは私自身が困って公的医療保険の仕組みを勉強し、専門家らに取材して歩き、3年を経てようやくたどり着いた「結論」でもある。国保に加入する前に、もちろん加入してからであっても知ってほしい。

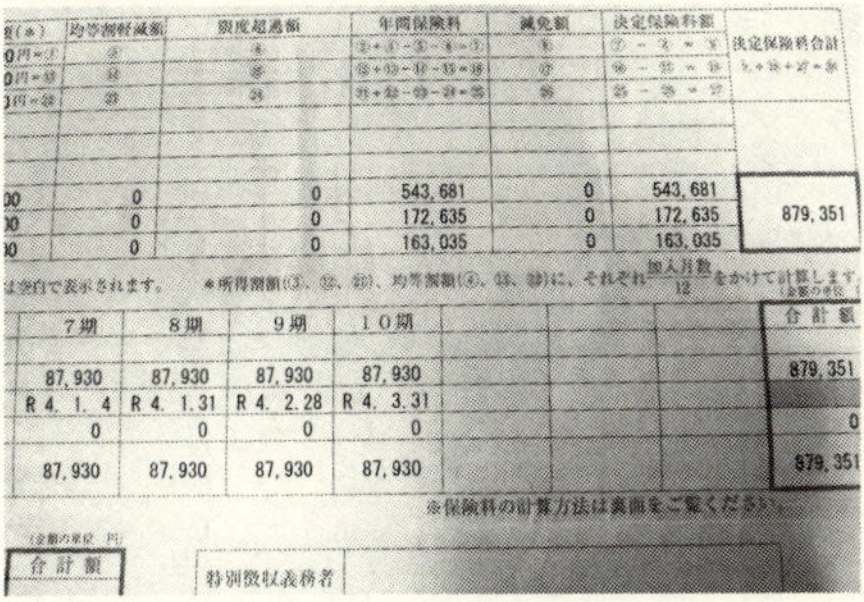

均等割軽減額	限度超過額	年間保険料	減免額	決定保険料額	決定保険料合計
0	0	543,681	0	543,681	879,351
0	0	172,635	0	172,635	
0	0	163,035	0	163,035	

※保険料の計算方法は裏面をご覧ください。

7期	8期	9期	10期	合計額
87,930	87,930	87,930	87,930	879,351
R 4. 1. 4	R 4. 1.31	R 4. 2.28	R 4. 3.31	
0	0	0	0	0
87,930	87,930	87,930	87,930	879,351

合計額

特別徴収義務者

21年6月に届いた国保料の通知書

第1章は、まず会社員の方へ知ってほしいことを記した。現在は国保加入者でない会社員も、無関係の話ではないのだ。退職後に仕事をしない、あるいは勤務先の保険に加入しないパートやアルバイト、もしくは自営業者の道を選ぶのであれば、国民健康保険に加入しなければならない。また自身の親が国保に加入しているケースも多いだろう。第1章の後半では国民健康保険にはどのような人が加入しているのか、なぜ国保料が高くなってしまうのか、私を含め国保加入者の生の声も取り上げている。

続く第2章は、本書の主題である「国保料を下げたい時にやるべき・知るべき『10のこと』」だ。私がさまざまな取材に基づいて絞り出した項目だが、国保に詳しい税理士や専門家、また自治体職員にコメントをいただくとともに、ファイナンシャルプランナーの内藤《ないとう》眞弓《まゆみ》さんによる監修を受けている。

さて高いからといって国保料の未納が続くと、突然差し押さえをされてしまう。まるでドラマの世界のように感じるかもしれない。だが国内で保険料に滞納がある世帯は194万世帯もあり（令和4年度）、長期間の滞納があればいつ差し押さえをされてもおかしくない。

第3章では、実際にあった差し押さえ事例を紹介しよう。中には違法行為もある。差し押さえを行う自治体職員もそれを知らないケースが少なくなく（むしろ知っていたとしたら、かなりの悪徳だ）、読者が自分や大切な人を守る術《すべ》にしてほしいという願いを込めた。

第4章では、それらを項目立てて「本書でしか読めない防衛術」として掲げた。医療にかかりたいが、窓口で支払うお金がない――そんな時に打てる策もある。あなただけでなく、身近な人が困窮している際は、ぜひここに書かれていることを伝えてほしい。

第3章と第4章は法に関わることのため、弁護士の増田《ますだ》良文《よしふみ》さんに監修いただいた。

最終章では私がオンラインや雑誌で国保関連の記事を執筆した際に寄せられることの多い意見から、未来の保険制度のあり方を考えたい。そしておまけとして「科学的根拠が確かな健康になる2つの方法」も記した。ひとりひとりが健康でいることが、将来の国保料を下げることにつながる。


保険料だけでなくさまざまな値上げが続き、気分が暗くなってしまうが、これからも明るくたくましく生きていきたい。そのための最低限の知識と知恵をお伝えするのが本書である。

※地域によって「国保税」と「国保料」のいずれを採用するか異なる。両者は厳密には異なるが、本書は基本的に国保料に表記を統一

国民健康保険料が高すぎる！

保険料を下げる10のこと

目次

第3章 本当にあった「差し押さえの事例」

第4章 本書でしか読めない防衛術8 …… 149

コラム ちょっと耳寄りな話

図表作成・本文DTP／今井明子

国民健康保険料が高すぎる！

保険料を下げる10のこと

第1章　保険料が高い！

本章では退職など会社組織を離れた人がぶち当たる壁、国保が抱える制度の問題、そして国保加入者の嘆きをお伝えしよう。まとめると、身も蓋もないが「保険料が高い」という一言に尽きる。しかし、そこで選ぶ道や意見はさまざま。人生観にも通じるものだと思う。あなた自身は、どう感じるだろうか。

〈会社員の方へ〉

今は国保と無関係な会社員も、定年や退職で会社組織を離れれば、国保加入が選択肢に挙がる。まずは年度途中の9月に出版社を退職した60代男性が、月々の保険料を聞いてびっくり仰天した話から――。

その男性は退職後も在職中の健康保険の被保険者になろうとしたところ、なんと毎月約9万円だったという。退職前の年収は800万円台。たしかに高年収ではあるが、退職すれば再就職しない限り収入は激減する。彼は毎月9万円の健康保険料はとても払えないと思った。

そこで男性は、居住地の市役所を訪ねたのだ。

国保に加入した場合の保険料（以下、国保料）を聞くためだった。市役所の窓口で前年度の収入を伝えて保険料を算出してもらうと、男性の場合は毎月6万円。それで国保への加入を決めた、と男性は語る。

「当初は退職前に加入していた健康保険の被保険者（任意継続被保険者）を選ぶ予定でした。けれども任意継続被保険者よりも国民健康保険のほうが安かったわけです。ですから国保を選び、退職した翌月の10月からその翌年3月まで半年間、毎月6万円ずつ払ってきました。任意継続の9万円よりも安いとはいえ、国保料月額6万円の支払いもかなりの負担を感じました」

日本では国内に現住所がある人は何らかの公的医療保険に加入する皆保険体制。退職後も当然ながら公的な医療保険に加入しなければならない。

この男性は国保に加入し、安くなったという数少ない例だが、基本的に他の健康保険よりも高いのが国保料である。

定年の翌年は保険料が倍額に

会社員の友人に健康保険料を尋ねると、現在自分が支払っているものなのにその額を知らない人、パッと答えられない人が多い。

「えーーっと、いつも天引きされた額しか見ないからなぁ……」などと平気で言う。あとから私に給与明細を見せてくれたり、「いくらだった」と教えてくれる人が大半だから、その額を隠したいわけではないようだ。

中には給与明細のどこを見ていいかわからないという強者《つわもの》もいる。「ここだよ」と該当部分を指差し、「社会保険料、安くていいなぁ。国保料は高くて」と私がボヤくと、「まぁ天引きされるか、あとからまとめて払うかの違いだよね！」となぐさめられる。その理解は違うのだが……最近はいちいち解説するのが面倒なので黙っている。

さて会社員は退職後、希望により継続してそれまでの健康保険に引き続き加入できる。

これを「任意継続被保険者制度」という。在職中は労働者と使用者（事業主）が労使折半で負担する仕組みだが、退職後の任意継続被保険者は全額自己負担になる。簡単にいえば、退職後に任意継続を選ぶと、〝在職中の倍の健康保険料〟を支払うということだ。

これまでは在職中に収入が高い会社員は、国保より任意継続が有利といわれてきた。「なぜなら『退職時の標準報酬月額か、加入者全体の標準報酬月額の平均のいずれか低いほうをもとに計算する』というルールがあったためです」

と、ファイナンシャルプランナーの内藤眞弓氏（生活設計塾クルー）が説明する。

例えば、標準報酬月額が50万円で在職中の月額保険料が約2万9000円（従業員負担分）だったとする。しかし加入者全体の平均標準報酬月額が30万円で、それに基づく月額保険料が約3万5000円だとすれば、退職時に標準報酬月額が50万円の人も、在職中の倍の健康保険料＝5万8000円ではなく、その3万5000円を払えばよかった。

「ですから収入が高い人ほど任意継続を選ぶとお得だったのですね。けれども2022年1月から退職時の標準報酬月額に基づいて保険料を決めることが可能になったので、必ずしも任意継続がいいとは言えなくなりました」（内藤氏）

会社員が加入する健康保険は、中小企業で働いている人が加入する全国健康保険協会（協会けんぽ）か、中規模から大手の企業が単独、あるいは同業種が共同して独自に運営する組合管掌健康保険（組合健保）になる。

「協会けんぽは従来通りの計算方法、つまり退職時の標準報酬月額か、加入者全体の標準報酬月額の平均のいずれか低いほうをもとに計算する方法ですが、組合健保は注意が必要です」（同）

本章冒頭の男性は、実は2回退職している。１度目は定年退職の60歳。彼は当時、退職前に加入していた健康保険の被保険者（任意継続被保険者）を選んだ。定年前の健康保険料は月額およそ４万５０００円。退職後は本来であれば倍の月約９万円の健康保険料になるはずだが、この時は在職中よりも安い４万円程度。当時は加入者全体の平均標準月額をもとに計算されたためだろう。

しかし退職して1年ほど経った頃、勤めていた出版社が人手不足に陥り、「再度働けないか」という話を持ちかけられた。男性は定年後に大学院に入学して学び直しをしていたのだが、悩んだ末休学することに。そして今度は契約社員として、定年退職した会社に再就職した。健康保険は任意継続被保険者から、通常の被保険者に。

そして2年後の秋、ついに2度目の退職をすることになった。休学していた大学院をきちんと卒業したかったため、会社員生活に区切りをつけようと思ったという。健康保険は再び任意継続を選択しようとしたところ、月額9万円と言われて驚いたというわけだ。

「おそらく先の男性が加入していた健康保険組合の規約が変わったことにより、以前は〝平均の標準報酬〟月額で計算されていたものが、〝退職時の標準報酬〟月額で計算されるようになって、一気に保険料がアップしたのでしょう」と内藤氏。

現在会社員である人は、今の自分の健康保険料が月額いくらであるか、そして退職後に倍になった場合、支払っていけるのかを検討してみよう。

退職後の公的医療保険の選択肢は3つ

先の男性は白内障の再手術をしたため、現在月に1度、病院で検査を受け、点眼薬などを処方されている。その窓口負担額（3割負担）が1万円。つまり国保料と合わせて毎月7万円を医療に費やしていることになる。退職し、現在はわずかな収入であるのだから厳しいだろう。

「会社員は退職後の健康保険料の支払いとして、せめて50万円くらいは貯めておいたほうがいいと思います」と、男性。

「住民税なども含め、最初の1年で100万円近い健康保険料、税金の支払いがあっても、半分の貯金があれば何とか乗り切れるんじゃないでしょうか。これは実感としての金額です。もちろん貯金は多いにこしたことはありません。退職金などがあっても、定年退職する頃は親の介護などいろいろお金がかかりますから」

それにしても……、と男性はつぶやく。

「健康保険料や窓口での一部負担金って払う側の裁量がきかないでしょう。とにかく絶対に納めなければならないもの。退職前は考えもしませんでしたが、実際に払ってみると本当にきつい。30年以上前、国保に加入していた時があるのですが、その時は国保料の負担感はそれほどなかったんです。当時安月給でしたけどね。今は給料が安くても、また平均以上の収入を得ていても、健康保険料は誰にとっても高いのではないでしょうか。任意継続も、たった数年でぐっと高くなった印象です。月に9万円台ですよ。いやぁ驚きました」

改めて退職後に加入する保険を整理すると、選択肢は大きく3つ――「任意継続」「国保」「被扶養者」だ。ひとつひとつ説明しよう。

まず退職した会社の健康保険の「任意継続被保険者」(最長2年間)になる場合、加入には次の2つの条件がある。

- 資格喪失の前日までに健康保険の被保険者期間が継続して2か月以上あること
- 資格喪失日から20日以内に「任意継続被保険者資格取得申込書」を提出すること

かつては任意継続を選ぶと、自己都合による資格喪失はできなかった。つまり2年間、任意継続被保険者でい続けなければならなかったのだが、2022年1月1日の法改正により、本人の申し出による資格喪失が可能になった。

ファイナンシャルプランナーの内藤氏がこう補足する。

「ですから退職後1年目は任意継続を選んで、2年目は国保に変えてもOK。退職後に収入がダウンすれば、国保のほうが保険料が安いこともあると思います。任意継続の場合、保険料の金額は2年間変わりませんから、途中で脱退することも視野に入れ、毎年保険料を再計算しましょう」

また任意継続は最長2年間だが、ごく稀に74歳まで継続できる「特例退職被保険者制度」をもつ健康保険組合があるという。

「特定健康保険組合といい、大企業が中心となる61組合程度ですが、健康保険組合に加入している人は念のため確認してください。特例退職被保険者になれるのは、被保険者期間が20年以上あるなどの要件を満たす人です」

国保には〝扶養〟の概念がない

１年目から任意継続を選ぶ場合も、居住地の自治体が運営する国保と、その両方の保険料を試算する必要がある。一度は住まいの自治体で国保に加入した場合に、自身の前年度の所得に基づきいくらになるのか、それも「家族全員分の保険料」を確認したい。任意継続には「扶養」の概念があるため、扶養家族として配偶者や子どもがいて世帯３人であっても保険料は１人前。ところが国保には扶養の概念がない上、世帯人数に応じて「均等割」などの保険料の上乗せがある。世帯3人なら「3人分でいくらか」を確認しなくてはならないのだ。

保険料以外にも「給付サービスを確認してほしい」と内藤氏が続ける。

「組合健保によっては1か月あたりの医療費自己負担上限額が2〜3万円程度に抑えられるなど、法定の高額療養費制度より有利になっていたり、健康診断などのサービスが安く利用できることもあります。任意継続でも引き続きそういった付加給付やサービスが利用できるところが少なくありません」

任意継続、国保のほか、退職後に加入する保険の3つ目の選択肢は、配偶者や子どもなどが会社員として社会保険に加入していれば「被扶養者」になることだ。前出の60代男性も妻が正社員として勤務していたため、自身の退職後に妻の被扶養者になる選択肢が頭をよぎったという。しかし、被扶養者になるためには年収130万円未満（60〜74歳は180万円未満）という要件がある（第2章「家族の『扶養』になる」でも解説）。

男性は、「家計の状況から自分が無収入になることはできない」と諦めた。ちなみに失業給付（雇用保険の基本手当）も収入認定がされ、その給付を受けている間は扶養に入れないケースがある。ここがクリアされ、「被扶養者」になれれば世帯で健康保険料の負担が増えないだろう。

ここまで、退職後は「任意継続の選択」「国保への加入」「被扶養者になる」の３つの選択肢があると紹介した。そしてさらなる人生のステップアップとして「再就職」をするという手段もある。

ファイナンシャルプランナーが勧める〝ちょこっと〟起業

内藤氏は、家計の状況が許すなら「ギリギリ社会保険の加入対象となる働き方」を提案する。

「一般的には週の所定労働時間および１か月の所定労働日数が、常時雇用者の４分の３以上である人が社会保険の加入対象です。ですが、短時間勤務のパートやアルバイトであっても、次の要件に該当すれば、社会保険の加入対象となるのです」
（1）週の所定労働時間が20時間以上
（2）継続して2か月を超える雇用の見込みがある

（3）賃金月額が8万8000円以上
（4）学生ではない（夜間の学生は除く）
（5）従業員規模が常時51人以上の事業所に勤めている

（5）については2024年10月以降、従業員の人数が101人以上から51人以上に拡大したばかり。つまり社会保険に加入できる範囲がさらに広がったということだ。

ギリギリ社会保険の加入対象となるような働き方を軸にしつつ、「起業して個人事業主として働く」ことも組み合わせると、退職後、特に定年後の可能性が広がるのではないだろうか。

「例えば60歳以降の給与収入を300万円とした場合、健康保険と厚生年金保険料の負担は合わせて年間約47万円。もう少し短時間勤務、ギリギリ社会保険の加入対象のような働き方にして給与収入が150万円くらいになれば、保険料は約23万円に下がります。そして空いた時間に、好きなことで個人事業をしてはいかがでしょう。これならその事業で成功し、高額の事業所得を得られるようになっても、保険料が23万円のままで増えることはありません」（内藤氏）

フリーランス、つまり個人事業主一本で生きてきた私からすれば、そのような組み合わせで働くことができるのかと驚きだった。この働き方なら健康保険料の半額を勤務先に負担してもらいながら、健康保険に加入し続けることができる。

ちなみに個人事業主一本で国保加入者の場合は、同じ収入（個人事業主の場合は収入から経費を引いた「所得」となる）１５０万円でも負担が増える。事業所得１５０万円の場合、国保料は約33万円（被保険者２人分・東京都内のある区）だ。

「扶養配偶者が60歳未満の場合、１か月あたり１万６９８０円（24年度）の国民年金保険料の支払いも発生します。国保料33万円に年間20万３７６０円がプラスされ、年間約53万円の負担になるのです」（同）

仮に事業所得が３００万円になった場合、国保料は年56万円にも。配偶者の国民年金保険料を合わせると76万円だ。

「ですが短時間勤務で社会保険に加入する（被用者保険者としての）働き方を続けていれば、社会保険料負担は約23万円で変わりません。厚生年金にも加入していますので将来の年金を増やすことにもつながります」（同）

退職後に個人事業を始めても、すぐに軌道にのるとは限らない。リスクを回避し、楽しくゆるやかに仕事を続けるという意味でも、内藤氏が提案する「ちょこっと起業」は良い働き方だと思った。

＊勤務先の社会保険に加入した場合（被用者保険は1人分でも、夫婦2人分でも変わらない・協会けんぽの例）

給与収入150万円→健康保険と厚生年金保険料　年間23万円
給与収入300万円→健康保険と厚生年金保険料　年間47万円

＊個人事業主、短時間労働で国保に加入した場合（被保険者2人分・東京都23区）

事業所得150万円→国保料と国民年金　約53万円
事業所得300万円→国保料と国民年金　約76万円

〈制度を知る〉

図表１　総人口と国保被保険者の年齢分布

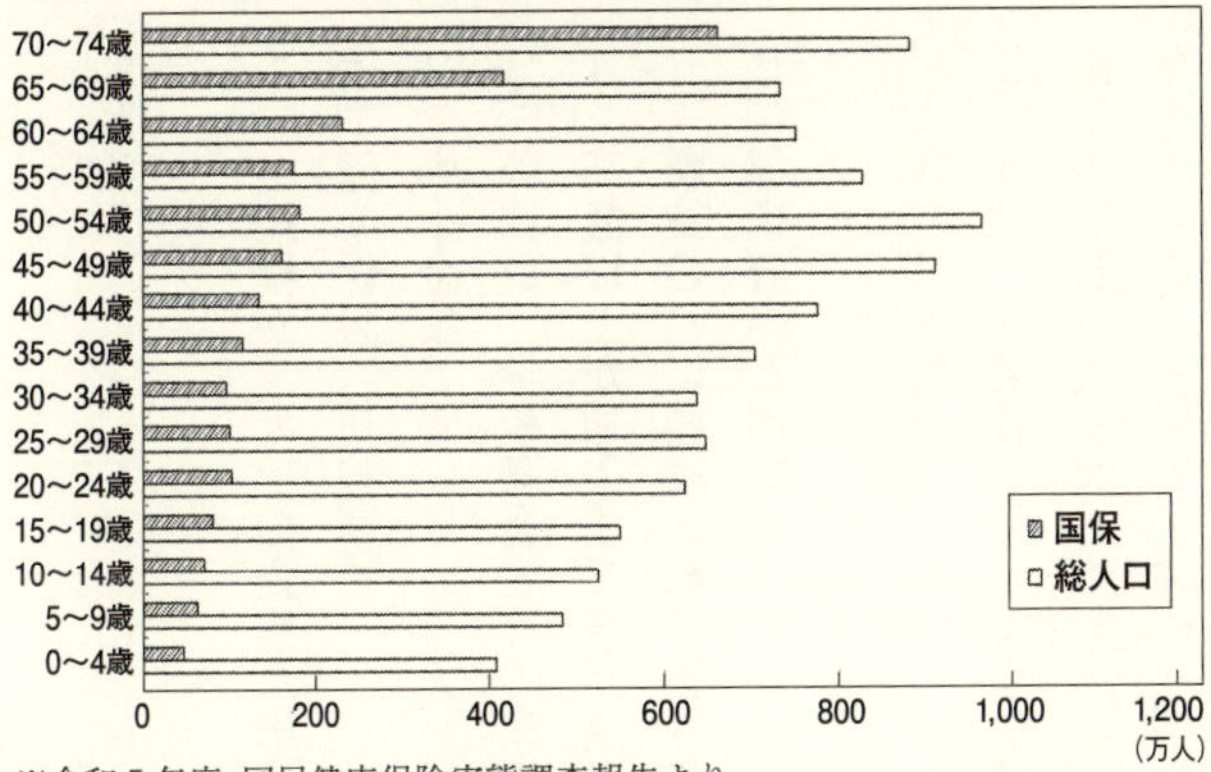

※令和５年度 国民健康保険実態調査報告より

国保の制度を知ったところで自分の人生において何の役に立つのか？　と思うだろう。また難しく感じて、読むのも嫌になるかもしれない。私もそうだった。だからこそ一般目線からわかりやすく解説したい。

それに後期高齢者になる前の70～74歳頃には、あなたも国保加入者である可能性が高い。何といっても総人口に占める国保加入者の割合が、70～74歳では75％に達しているのだ（図表１参照）。

なぜ国保は高いのか

まず国保は、公的医療保険制度の中でどのような位置付けだろうか。

公的医療保険は主に6種類に分けられる。

（1）中規模から大手の企業が単独、あるいは同業種が共同して独自に運営する組合管掌健康保険（組合健保）
（2）中小企業で働いている人が加入する全国健康保険協会（協会けんぽ）
（3）公務員、学校職員とその家族が加入する共済組合
（4）75歳以上が加入する後期高齢者医療制度
（5）職業ごとに組織される国保組合
（6）都道府県と市町村が共同で運営する国保

（1）〜（3）は労働条件に基づいて雇用されている人が加入する健康保険で「被用者保険」という。自営業者や私のようなフリーランス、非正規職員、リストラで職を失った人、定年退職した人を含め、（1）〜（5）に入れないすべての人は（6）に加入することになっている（（5）も正確には国保であるが、市町村国保とは加入者の層も、保険料の決

め方も異なる。詳細は第2章の「職種別『国保』に入れないか」を参照してほしい)。

つまり最終的な受け皿である(6)の国保があるからこそ皆保険制度が成り立つ。皆保険とは、すべての人が何らかの公的医療保険に加入する制度である。(6)には他に加入できない人も入るわけだから〝保険料の負担ができない人〟を抱え込むことにもなる。

かつての国民健康保険は、自営業者と農林水産業者が加入者の約7割を占めていたものの、次第にその割合が減少し、現在は「所得なし」の割合が最も高く約29%。所得100万円未満もほぼ同数の割合で、加入者1人あたりの平均所得は約96万円。いまや弱小連合といわれる。

社会保障に関する著書が多い立正大学社会福祉学部の芝田《しばた》英昭《ひであき》教授は、「無職層が多い国保から多額の保険料を取るという仕組みがそもそも成り立たない」と指摘する。「国保の制度ができた時は自営業者が多かったので、無職の人がここまで多くなる事態は想定されていなかったわけです。国保料はほかの健康保険料よりも高くなるのに、それを所得の少ない人たちで支えるという構図はどう考えても難しいでしょう」

なぜ国保料が高くなってしまうのか？　国保は定年になってから加入する人が多いた

め、加入者の年齢層が高く、医療費が高くなりやすいからである。(1)~(3)の加入者の平均年齢がどこも30代であるのに対し、国保は54歳。しかも国保加入者の高齢化は年々進行している。加入者の中で65~74歳の割合が2002年度は27%だったが、22年度には44・8%に増加(令和4年度国民健康保険実態調査報告)。一方で、0~19歳の加入者は02年度の14・3%から、22年度は8・6%にまで減少している。

長年、国保問題に取り組んできた大阪社会保障推進協議会事務局長の寺内順子氏はこうまとめる。

「75歳以上は後期高齢者医療制度に加入しますが、65~74歳で国保に加入する人が多く、この層は病気を抱えやすい。特にがんは60代、70代が中心です。ですから医療費がかかります。加入者ひとり当たりの年間医療費を保険ごとに比べると、組合健保約18万円、協会けんぽ約20万円、共済組合約16万円に対し、国保は36・2万円です。地域に医療費が多く発生すれば、それだけ保険給付費(自己負担額以外の費用)も上昇し、それに応じて保険料が高くなるのです」

ちなみに後期高齢者医療制度は、年間医療費が約94万円とずば抜けて高額だが、これを運営する資金は、加入者本人の保険料1割、公費約5割、他の公的医療保険からの支援金約4割で構成されている。

「国保は加入者の平均年齢が高く、医療費が高くなりやすいのに、定年した人が入るくらいですから所得が低い層が多く、所得に応じた保険料だけでは医療費をカバーできません。そのため世帯あたりの加入者の人数に応じて均等に負担する『均等割』、地域によっては全世帯が平等に負担する『平等割』といった応益割があります。被用者保険にはない、世帯人数に比例して保険料が高くなる仕組みが国保にはあり、これが加入者の負担を一層重くしているのです」（寺内氏）

例えば世帯主の夫がいて、妻、子どもがいれば、3人分の「均等割」が発生してしまう。住まいの地域によって金額に多少差があるが、東京都のある区で40代の親と10代の子ども2人暮らしの場合（我が家のことだ）、所得400万円とすると、国保料は年間約60万4000円。同条件で40代の親のみであれば、年間保険料は約53万5000円と、6万9000円も減額になる。いってみれば家族が多いほど、子どもがいるほど損な国保なのである。

大阪府大阪市在住で現役40代夫婦と未成年の子ども2人（小・中学生）の4人世帯で世帯所得が300万円の場合なら、国保料は年間約66万円と試算されている。所得の

22%だ。国保加入者以外の人は、自身の所得の22%が健康保険料としてもっていかれることを想像してほしい。

国は、22年度から未就学児に限り「均等割を半額」に軽減する方針を決めた。

「未就学児のみでなく18歳までを対象に、半額ではなく子どもの均等割はゼロにすべきです」と、寺内氏。

「均等割によって子どもがいればいるほど国保料が高くなるんです。実際には子どもがいると、教育費や食費などの生活費が多くかかるため暮らしが厳しくなる。少子化対策に逆行していますよ」

ただ近年、全国で18歳以下の子どもの均等割を減免する自治体も増えてきてはいる。全国商工団体連合会の調べでは70自治体（19都道府県）にまで広がっているという。例えば群馬県渋川市では24年から、国保の助成制度創設を発表。国保に加入する18歳までのすべての子どもの均等割相当額（1人あたり最大3万5000円）を助成するという。住まいの地域で、均等割助成が行われていないか、念のため確認してほしい。

国保加入者が〝医療を消費〟している？

この本を執筆中、厚生労働省で指導医療官（保険診療の取り扱いや診療報酬請求の内容などについて指導・監査を行う）として勤務していたある医師と、電話で話す機会があった。その医師は私が「保険料が高い」とこぼすと、「僕たちからみれば自分の社会保険料を払っている上に税を通じてそちらにも払っている。国保は社会保険加入者からもサポートされていることを理解してほしい」と言われた。

どういうことかというと、国保は保険料だけでは各自治体が運営できないため、一般会計からも補塡している。いってみれば企業に勤めている被用者保険に入っている人の住民税から国保を支援しているのだ（これを「一般会計法定外繰入れ」という）。

社会保険加入者から集めたお金をそっちにまわしている、税を入れているんだから……とその医師は繰り返し言った。言葉の裏には、言い方は悪いが「お前らのために俺らがどれだけサポートしていると思ってんだ。感謝しろ」というような上から目線の姿勢が読み取れた。

そうだろうか。一番直接的にサポートしているのは、無職者が多い国保加入者の中の自営業者やフリーランスではないだろうかと私は思う。

またその医師はこうも話した。

「集めるお金（保険料）が減ると提供される医療費が下がります。簡単にいえば日本の今の医療は中福祉・中負担。保険料を下げれば低福祉、低負担になりますし、上げれば高福祉・高負担になるので、国民がそれを選択すればいい。その中で保険料を下げようという本を書くあなたの発想は低福祉、低負担になってもいいということでしょうか？」

いやいや、現在のどこが「中福祉・中負担」なのか。私からすれば国保加入者は「低福祉・超高負担」である。相手は私などとは比べものにならないほど社会的立場のある方だったが、私はひるまず、はっきりそう告げた。すると彼は語気を強めてこう言った。

「制度全体をみた立場から言わせてもらいますと、1か所だけ突出した負担ということはありません。なぜならそこが一番〝消費〟をしているのです。社会保険（組合健保や協会けんぽ）加入者はみなさん（医療費を）使っていないという。これは本当に使っていない。消費をしているのは国保加入者です。それは社会保険は事業者と折半ですが、国保は自治体により力の差がありますから、財政が豊かでない自治体は国保料が高くなるかもしれません。けれども繰り返しになりますが、それでも社保からお金を入れているのです。そして国保に入っている人は（医療の）消費額が多いのです」

腸《はらわた》が煮え繰り返る思いだった。

やっとの思いで「私は1年に1度くらいしか病院に行っていませんが……」と返すと、「個々の話をしているのではありません。全体の話です」とバッサリ。

大阪社会保障推進協議会事務局長の寺内氏はこう憤る。

「組合健保や協会けんぽに加入している人も現役世代は元気にたくさん働いて、やがて疲弊して、定年して国保に入る頃に病気を患うことが多いのです。それは若い人はほとんど病気をしないでしょう。でも60代になったら多くの人が病気をするんですよ。それで病気を患っている時は国保加入者なのです。若い加入者が多い社保（組合健保や協会けんぽなど）が国保を支援するのは、私は当たり前だと思いますね」

社会保険や国からもサポートを受け、国保は運営されている。それは間違いない。しかし加入者の半数以上が平均所得１００万未満というグループの中で、年２００万円以上稼ぐ低中所得者は他の保険と比べ物にならないほど保険料を搾取されていると思う。

佛教大学社会福祉学部准教授の長友薫輝《ながともまさてる》氏も、「国保は今や無職の人、年金受給者、非正規雇用の人々が多く集まる保険になりました。所得が低い人たちで、かつ年齢が高くて病気を発症するリスクが高い、つまり医療費がかかる集まり。このメンバーでがんばりなさいといわれても……加入者にとって過重な国保料です」という。

加えて国庫負担率が年々低下している。再び寺内氏が補足する。

「国保はもともと保険料負担でまかなう制度設計にはなっていないのです。1983年までは収入全体の約6割を国庫支出金が占めていましたが、84年から低下しました」

現在はその半分以下という。

「減らされた国庫負担分を被保険者の保険料に肩代わりさせていることが保険料高騰の大きな要因です」

東京都全体で必要な医療費は年間8000億円

制度がらみの硬い話が続くが、もう少しお付き合いいただきたい。

厚生労働省は国保の財政を安定させるために、2018年4月から運営主体を市区町村から都道府県に移した。立正大学の芝田教授がこう説明する。

「以前は市区町村が医療費の推計や保険料の決定、徴収を行っていましたが、現在は都道府県が推計を行い、市町村に『納付金』を割り当てています。①都道府県が市町村に対して納付金の金額を掲示し、②市町村は納付金がまかなえる保険料率を決め、③加入者から保険料を徴収し、④市町村は都道府県に納付金を納める、という流れです。納付金は１００％完納が義務付けられ、減額は認められません」

２０２４年度の東京都と、私の居住地東京23区内のＡ区の関係から、どのような流れで納付金や保険料が決まるのか、捉えてみよう。

①２０２４年度・東京都全体で１年間の医療費が約１兆５１１１億円という予想総額
内訳は、医療分（医療給付費）８０９６億円、後期高齢者支援分１７５９億円（後期高齢者医療制度に支援する分）、介護分（40歳～64歳のみの介護保険料）６５６億円である

↓

②１兆５１１１億円のうち、国や都の公費から３５７２億円、前期高齢者交付金（被用

図表2　国保料の金額決定の流れ

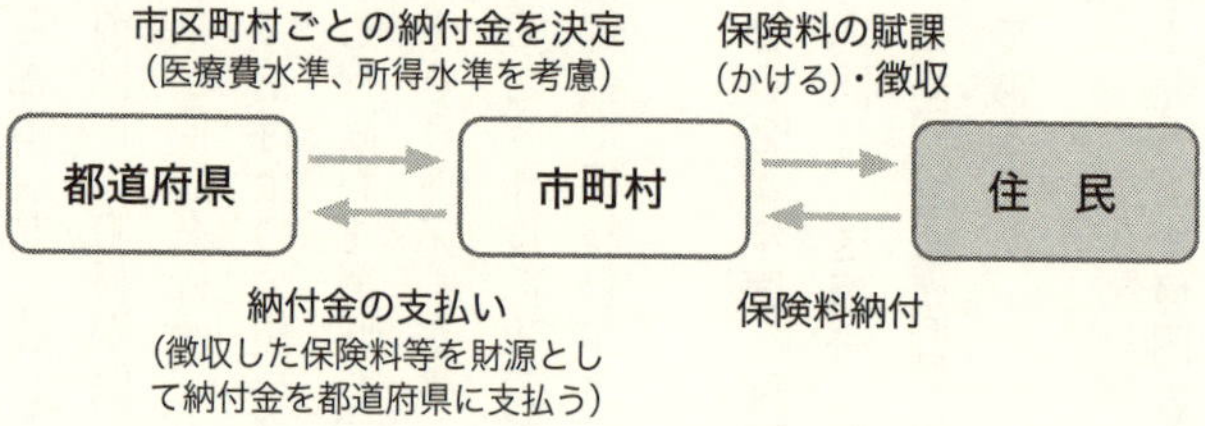

※取材内容をもとに筆者作成

者保険から国保へ支援する分）２３１８億円を除き、残りの４６２１億円を東京都内の62の区市町村で負担することになった

③62の区市町村の負担額は一律ではなく、自治体の財政力（住民の所得）、医療費なども加味され、振り分けられる

④筆者居住地のA区は、③で決まった東京都から請求された納付金に加えて、独自の健診事業なども加え、24年度は「約２００億円が必要」と算出した

⑤区市町村向けの公費を除き、A区は今年度必要な２００億円のうち１７１億円を国保料で徴収することになった

⑥A区の保険料率＝24年度の個々の保険料が決定（毎年6月頃）

自治体による保険料の決め方についての詳細は第2章で解説する。さて都道府県化して規模を大きくすれば財政基盤が安定するという目的だったはずだが、加入者にとっては保険料の負担が増している現状がある。上限額も引き上げられている。上限額が上がるのは高額所得者がより多く負担するのだからいいじゃないか、と思ったら大間違い。前出の長友氏も「限度額を引き上げると、その負担は加入者全員に及びます」という。

「他の被用者保険の保険料は、月収を基礎にした『標準報酬月額』をもとに保険料が決まります。しかし、国保料は収入や資産に応じて課す『応能割』（所得割、資産割）と、収入などに関係なく一律に課す『応益割』（均等割と平等割）があり、国の標準割合は応能割50：応益割50に設定されています。そのため、限度額を1万円引き上げると、応益割で5000円分、応能割で5000円分引き上げることになります。限度額が上がるということは、低所得者を含む保険料も上がるのです」

国保料の上限引き上げは3年連続だ。2022年度は3万円、23年度は2万円、24年度も2万円引き上げられ、現行の上限額は106万円だ。年々国保料が高くなるわけである。

国保でカバーできること

そんな高い保険料の国保に加入すると、どういった給付が受けられるのだろうか。保険給付には病気や怪我をした場合に、これを治すために医療そのものを給付する「現物給付」と、治療にかかった費用などを給付する「現金給付」がある。

国保の主な給付を紹介しよう。

◎医療機関等の窓口で保険証を提示すれば、一定の自己負担額で医療を受けられる
- 0歳～義務教育就学前まで――2割
- 義務教育就学後～69歳――3割
- 70～74歳――2割（現役並み所得者は3割）

※75歳以上は後期高齢者医療制度。自治体によっては乳幼児や児童の医療費無料のところもある。

◎医師の指示により、コルセットなどの治療用装具を作った時、医師の同意によりはり・きゅう、マッサージの施術を受けた時、急性・亜急性の怪我の治療など柔道整復師の施術を受けた時など、審査の上、一定の額の払い戻しが受けられる

◎出産した時（出産育児一時金）1児につき50万円

◎被保険者が亡くなった時、葬儀を行った方に葬祭費（5〜7万円）

そしてもうひとつ、公的医療保険の目玉給付サービスは「高額療養費」。医療費が高額になった時、同じ月内の自己負担額を超えた世帯は、申請により超えた分が高額療養費として支給されるのだ。

図表3　70歳未満の自己負担限度額（国保の場合）

区分	所得区分（世帯）	月の自己負担限度額（年3回目まで）	自己負担限度額（年4回目以降）
ア	901万円超	252,600円＋ 月（総医療費－842,000円）×1％	140,100円
イ	600万円超～ 901万円以下	167,400円＋ 月（総医療費－558,000円）×1％	93,000円
ウ	210万円超～ 600万円以下	80,100円＋ 月（総医療費－267,000円）×1％	44,400円
エ	210万円以下	57,600円	44,400円
オ	住民税非課税	35,400円	24,600円

※厚生労働省資料をもとに作成

上限額は所得によって異なり、図表3の計算式に当てはめる。あなたの世帯の所得区分は「ア」から「オ」のうち、どれに当てはまるだろうか。

具体的に計算してみよう。例えば50歳の夫婦、20歳の子どもの3人世帯で、所得区分ウの世帯の場合。

ある月に夫が入院し、3割の自己負担で30万円の入院費を医療機関に支払った。この時、総医療費（10割）は100万円であった。

同じ月に子どもが外来治療を受け、3割の自己負担で3万円の治療診察費を医療機関に支払った。総医療費（10割）は10万円であった。

①この世帯の1か月の一部負担額は夫30万円＋子ども3万円＝33万円

②所得区分ウの方式に基づき計算すると、

8万100円＋（総医療費110万円－26万7000円）×1％＝8万8430円
③自己負担額33万円－8万8430円＝**24万1570円**が支給額になるということだ。
※70歳未満の場合、2万1000円以上の自己負担のみ合算可能。

大雑把な言い方だが、同月内での世帯の総医療費が所得区分「アなら月26万円」「イなら17万円」「ウなら8万円」を超えれば、その超えた額の自己負担金が戻ってくるということ。がんなどに備えた民間の保険への加入は、この高額療養費を踏まえて必要かどうかを判断したい。

ウの所得区分にいる私個人の考えとしては、民間の保険はあまり必要ないと思っている。実際1か月4000円程度の掛け金の保険にしか加入していない。医師に取材していても、高額療養費の制度が日本の医療費をおし上げ、皆保険制度の危機を招いているという意見が多いが、反面、一般の国民にとってはこれがあるから「過度な備えは必要ない」といえるだろう。

このように給付サービスを見ていると、国保がずいぶん充実しているように感じるが、ほかの組合健保や協会けんぽなどにもこれらはある。悲しいことに、他の公的医療保険が国保より優れた給付サービスはあっても、国保のほうが優れているサービスはひとつもない。

他の公的医療保険にはあって国保にはない代表格は「傷病手当金」と「出産手当金」だ。

健康保険組合や共済組合、協会けんぽに加入する人は、病気や怪我で仕事を休んだ時に生活保障として公的医療保険制度から「傷病手当金」を受け取れるが、国保加入者にはそういった手当はない。

「ところが新型コロナウイルス感染症による休業については、緊急的に支給した自治体があります。ですから今後、新型コロナのみならずそういった傷病手当を国保にも恒常化してほしいですね」と長友氏。

またもうひとつ、出産にかかる費用にあてる出産育児一時金は国保にもあるが、出産のために仕事を休んだ時の「出産手当金」が国保にはないのだ。長友氏がため息をつく。

「出産のため仕事を休み、給与の支払いがない間に一定の範囲で支給される補助金ですが、こちらも健康保険組合、共済組合、協会けんぽに加入していなければ対象とならないのです。少子化対策といいながら、産む時の手当さえないのが国保の現状です」

組合健保と協会けんぽとの格差……

前項で高額療養費について取り上げたが、国保の自己負担限度額は最低ラインであり、他の公的医療保険では独自の自己負担軽減がある。本章の〈会社員の方へ〉のところで、任意継続をするかどうか迷う際に、ファイナンシャルプランナーの内藤氏が「保険料以外にも給付サービスを確認してほしい」と述べたことを覚えているだろうか。組合健保によっては1か月あたりの医療費自己負担上限額が2〜3万円程度に抑えられると、内藤氏は指摘していた。

例えば出版健康保険組合。1か月の実質的な自己負担は2万円だ。1医療機関で1か月につき3万6000円かかったのなら、1万6000円が払い戻されることになる。標準報酬月額53万円〜79万円の人は3万円、83万円以上の人は4万円と多少は限度額が上がるものの、所得450万円の私が月額およそ8万円までは自己負担の範囲内ということと比較すると、何という格差だろうと思う。どんな公的医療保険も国保よりはマシではないか、とつぶやくと、内藤氏はうなずいていた。

「そうですね。『夫が白血病になってしまった、まだ子どもが大学生なのに長く入院し、破産してしまうかも』と泣いていた奥様も、出版健保に加入していたので助かりました。また別の以前ご相談を受けたアパレル系の方も、自分たちは弱小だと思っていたのですが、やはり独自の給付があり、月額2万5000円以上の自己負担分は払い戻しをされると知って驚いていました」

国保加入者で高額療養費のウの所得区分（210万円超〜600万円）の世帯で誰かが重篤な病気になったら……毎月8万円程度の上限額を払い続けなくてはならないのか。

「いいえ」と、内藤氏。

「直近12か月間に、すでに3回以上高額療養費の支給を受けている場合は、その月の負担上限額がさらに下がります。多数回該当という救済制度で、例えばウの所得区分であれば4万4400円が上限。それを超える金額は払わなくて済みます」

つまり高額な治療費が発生するような病気になったら、治療の4か月目からは上限額は下がるということだ。それでも8万円の上限額を最低3回（3か月）は払わなければならない。他の公的医療保険と比べると、どうしても見劣りしてしまう。

保険給付のひとつである「健康診断」も、国保は心許《こころもと》ない。

国保では40歳以上に対してメタボリックシンドロームに着目した「特定健康診査」（特定健診）を行うのだが、この検査内容の少なさといったら……泣けてきてしまう。身体計測（身長、体重、ＢＭＩ、腹囲）、血圧測定、検尿（糖、タンパク）、血液検査（中性脂肪、ＨＤＬ・ＬＤＬコレステロール、肝機能、血糖）のみなのだ。眼底検査も心電図もレントゲンも内視鏡もなし。

24年夏、私は近所の総合病院で特定健診を受けた。ある日の８時15分。健診の受付ロビーにはざっと50人はいただろうか。受付に並んでいると、私の前の女性が受ける健診内容が耳に入った。「××組合健保様」と案内され、心電図や内視鏡、婦人科検診など、人間ドック並みの充実ぶりである。

自分の番になり、私は「今年子宮ポリープを切除してから出血が続いたので、自費でいいので貧血検査を追加したい」と申し出た。特定健診のお知らせのハガキには「一部負担金ありで貧血検査を受けることができる」とあったからだ。しかし、私がそう申し出た途端、受付の若い女性の顔に戸惑いの色が浮かんだ。後ろの年配の女性に私が申し出た内容を確認しているようだった。その年配の女性がずいっと前に出てきて、私に顔を近づけて小声で告げる。

「こちらは医師の先生が必要と判断した場合のみの追加となります」

私も小声で「自費でもダメなんですか？」と聞いた。

「申し訳ありません」

頭を下げられてしまったら、仕方ない。私は渋々了承して健診の順番に並んだ。しかし、特定健診の内容といったら、身体計測も血圧測定も機械が自動で行うし、検尿は自身で提出し、やってもらうのは血液検査のみである。健診を受ける他の人たちは、まだ別の場所で検査を受けている中、血液検査は私が一番のりだった。

その後に医師の診察があり、私は受付で申し出たのと同様に「今年はポリープ切除でかなり出血したので、貧血検査を追加してほしい」とお願いをした。医師は首をかしげながら、「あれ？　これって貧血検査も入っていないの？」と不思議そうに言う。

「はい。先生に必要と診断されないと追加できないみたいで」と私が言うと、
医師は「そうか……じゃあつけようか。でも、もう1度採血するかもしれないけど、大丈夫？」と聞きつつ、カルテに「要・貧血検査」と記載してくれた。

ところが――である。廊下で貧血検査の案内を待っていると、看護師がやってきて

「こちら貧血検査は追加できないので、恐れ入りますがかかりつけ医のところでお願いします」と言われてしまった。

自費でもいい。もう1度採血を行ってもいい。それなのになぜ貧血検査ごときができないのかと思う。腹が立つというより、悲しい気持ちになって私は病院を出た。時刻は8時35分。着替えも含めてわずか20分で健診が終了。こんなに早く健診を終えた人は他にいなかった。それだけ検査項目が少ないのだ。

大阪社会保障推進協議会事務局長の寺内氏は「病気の住民が多ければ保険給付費（医療費）は当然大きくなり、健康であれば医療費は小さくなるので、結果として保険料が安くなる」と話す。

「特定健診は国保会計から、がん健診は一般会計から支出する事業ですが、いずれも病気の予防と早期発見には欠かすことのできない事業です。予防・早期発見のためには、いかにその内容が充実しているか、さらに受診しやすいかということが重要でしょう」

本当にその通りだと思う。

私は15年ほど前、地方公務員だったことがある。当時有給休暇を使って人間ドックを受けたが、婦人科検診まですべて無料で網羅していた。しかし30歳そこそこで、持病もなく、結果はすべてA判定。今思えば、若い世代が多い被用者保険の給付サービスがこのように充実していることに意味があるのか、と思う。無意味とは言わないが、日本の医療費全体を下げることを考えるなら、特に病気が多くなる60歳以降の国保加入者の健診内容を充実させたほうがいいのではないだろうか。

〈フリーランス、自営業者の怒りと嘆き〉

本章の最後に、いま国保に加入している者の生の声をお伝えしたい。はっきり言って泣き言だ。だが本当に保険料が高い。低所得者はもちろん、年収1000万円以下は所得の1割以上の保険料を支払っているわけだから、誰にとっても重すぎる負担なのだ。

筆者は所得600万円で年88万円の支払い

「はじめに」で述べたように、2021年度の筆者の国保料は約88万円だった。その国保料は前年（20年）の所得約640万円（年収は890万円）をもとに算出されている。

その前はどうだったかというと、20年度の国保料は約48万円で、その前年（19年）の所得は約338万円（年収は560万円）。高いと思ったはずだが、10回払いで月々4万8000円を何とか支払っていた。48万円の国保料を支払う時は、年収890万円を得ていた年だったからというのも大きい。

特にフリーランスをはじめ自営業者は、今年の収入を来年も得られる保証はどこにもない。

保険料を安定的に徴収するためにも、せめて「前年度の収入をもとに国保料を算定する」仕組みを見直す必要があるのではないかと思う。翌年の収入の目処《めど》がたちにくいのだから、該当する年度から引かれるほうがいい。

税理士の服部修氏（服部会計事務所代表）も、「国保料も所得税のように源泉徴収を取り入れるべきです」という。私であれば出版社から原稿料が振り込まれる際、源泉徴収としてあらかじめ10％の所得税が引かれる。それに1％プラスして国保料を引くのだ。最終的な増減は翌年の確定申告で調整すればいいだろう。「それにしても……」と、自身も国保に加入する服部氏が続ける。

「国保料の限度額は年々上昇していますが、所得の高い人にとってもこれ以上は限界です。所得の2割3割などを占めるようになれば払えない人がさらに続出します」

私は3年前、支払いが厳しいと感じた時に打てる手はないのかと、居住地である都内区役所の国保を扱う窓口を訪ねた。国保料の決定通知書を見せ、今年はやや少ない収入となりそうだが、この状態で減額の措置はあるかとたずねると、区の職員は首を横にふる。

「ありません。通常、国保料の減免は直近3か月の収入や家賃の金額などトータルで判定しますが、生活保護を受けられるかどうかというほど困窮している世帯が対象になります」

私は納得がいかなかった。毎年本を出版しているが、そのまるまる1冊分の原稿料が国保に消えていくのだ。その思いを伝えると、区の職員は同情をこめてうなずく。

「以前は住民税と同じように、お支払いになった生命保険などを差し引き、ひとり親控除なども行った所得に対し、国保料を算定していました。しかしそうなると、ご家族が多い方が優位になってしまうという考えから、現在は基礎控除のみを行った所得で国保料を計算しています」

国保料の計算法については第2章で詳しく取り上げるが、現在ほとんどの自治体が

「総所得金額－基礎控除（43万円）」を算定基礎額としている。そのため扶養控除や社会保険料控除などが国保料には考慮されていない。だからよほど高所得者で、国保料の上限額（106万円）を支払ってもびくともしない人でない限り、一般的に国保料は住民税より高くなる。

窓口では「相互扶助、助け合い」を言われる

その高い国保料が今後下がることはないのだろうか。

20年のコロナ禍では医療機関を受診する人が大幅に減り、手術の延期も多数行われた。20年と21年の全体の医療費は大きく減ったはずである。それは翌年度以降の国保料の減額として反映されないのだろうか？　しかし、これに対しても、区の職員が申し訳なさそうに首を横にふった。

「現在は都道府県単位で考える形ですので、たとえある区の医療費が減っていても、ほかの区がそうでもなければ東京都全体として保険料を安くすることはできません。また、国保は保険料だけでは運営できませんから一般会計からも補塡しています。これはいっ

てみれば、企業にお勤めの被用者保険に入っている方の住民税をもらって、国保を支援しているような形です。公平性を考えると、国保は国保の中だけで解決しなければなりません。ですから医療費が減ったからといってすぐ国保料を下げるというわけにはいかず……」

そして区の職員は小さな声で、「もう国保の制度が破綻しているんです」とつぶやいた。

私は労働意欲が失せていくようだった。働いても働いても、その分を保険料にとられていく。私も子どもも、1年間のうちそれぞれ数回しか病院を受診していない。窓口での支払いは3割自己負担でいつも3000円ほどだ。それなら10割負担でも1回につき1人1万円程度。この国民健康保険証を返したい、と真剣に思った。

「僕も行政の窓口で『国民健康保険証を返します』と言ったことがあります」

と、自営業の知人男性が言う。彼は現在の保険料の年間限度額を支払っている。やはり所得の1割を超えるようだ。

「1年に1、2回しか病院に行っていないのに、保険料は月に約10万円の支払いでしょう。さすがに高いですよ。僕が保険証を返したい、自由診療がいいと言うと、窓口では

『日本は皆保険制度ですから、保険証を返されても困ります。相互扶助、つまり助け合いの仕組みなんです』と繰り返し言われました」

「相互扶助、助け合い」――つまり、みんなで医療にかかれる体制をつくりましょう、ということだ。一見正しく感じるかもしれないが、実はこのような理論はおかしい。

佛教大学社会福祉学部准教授の長友薫輝氏も「よく誤解されるのですが、国保は〝助け合い〟で運営しているわけではありません」と述べる。

「例えばテレビコマーシャルでおなじみの民間保険は、サービスを受けたいのであれば保険料を納めなさいという保険原理ですよね。しかし国保を含む公的医療保険、年金保険、雇用保険、労災保険、介護保険の５つは社会保険といわれ、個人への保険料だけでなく、事業主にも負担を求め、国が公費を投入し、運営に責任をもつ、国民に加入を義務づけるという面も持ち合わせます。これは自己責任や家族・地域の助け合いだけでは対応できない貧困、病気、失業などのさまざまな問題に対して、社会的施策で対応していきましょうということなのです。ですから加入者に〝助け合い〟ばかりを強調して過酷な負担を強いるのは、社会保険として考えた時に問題なのです」

問題だ。困っている。だがそうは言っても、加入者にはどうすることもできず、悔しい気持ちになる。

「フリーや自営業者は〝ちょろまかす〟権利がある」!?

組織から離れて個人事業主となった知人記者A氏も、「国保料が高い」と怒っている。A氏は30代後半で企業を退職し、ある有名雑誌の専属記者となった。出版界で多く見られる「業務委託契約」で、A氏の場合なら毎週、編集部内で請け負えない取材執筆を担当する業務である。業務委託契約のメリットはA氏のケースだと毎月固定の収入を得られる上、自己裁量で仕事が進められる点、デメリットとしては個人事業主となるため健康保険は国保へ加入し、高額になりやすい点がある。

A氏の場合は、彼の妻が大手企業で正社員として働くという安定的な立場。だから夫を扶養に入れられないかと、妻は自身の勤務先に相談したという。「でもあっさりと却下された」と妻。A氏の年収(売上)は、およそ600万円。確定申告では、そこから経費を引いて所得200万円と申告。それは扶養には入れないだろう。年収130万円を超えれば、社会保険に加入する義務が発生する。

「まあもう少し経費を盛れば（増せば）よかったのでしょうが」とA氏が笑う。６００万円の収入を得ていて、経費によって２００万の所得まで減らすのも十分〝盛っている〟と思うのだが……。口に出さなくても私の思いが伝わったようだ。A氏は「あのね、フリーは経費で（収入を）ちょろまかしているというけど、俺からすればちょろまかす権利があると思うね」と反論する。

「会社員は厚生年金が半分は事業主負担、健康保険だってそう。退職金に対しても課税の軽減措置がある。一方で、フリーのこちらは税優遇が一切ない、将来もらえる年金の額だって少ない。保険料は会社員と比べてほぼ倍の金額。それも会社員時代に加入していた社会保険が終わった、定年退職組が国保に加入して医療費を多く使うから、保険料が高くなる。なぜ国保だけ無職の高齢者と一緒のグループなのか。そういう不公平があるんだから、ちょろまかすぐらい許してやと思う」

大手企業の組合健保に加入する、A氏の妻に給与明細を見せてもらうと、なんと健康保険料が月額1万８１６円。この健康保険に子ども1人も扶養で加入している。しかも給付サービスを聞くと、驚きの内容だった。

「出産一時金が42万円（現在は50万円）に加算されて、60万円でした。もし何かで入院した場合、私でも家族でも1日5000円の給付があるようです。あと勤務先を通じて入る民間保険料が安くて、家族3人で1か月3500円の保険料のため、加入していま す。この民間保険でも、入院した場合1日5000円の給付がありますので、もし家族の誰かが入院したら、組合健保から5000円、その民間保険から5000円で合計1万円が入ります」（A氏妻）

「手厚いですね。人間ドックも受けられますか？」と私がたずねると、「はい無料で受けられます。しばらく受けてませんが……。そういえばあなた、ずいぶん健診を受けていないいんじゃないの？」と妻は言葉の最後に、A氏のほうを見る。

「(病に)なったら……死ぬ時は死ぬから」

と、サバサバした口調のA氏。そして「高い国保料を払って、手取りが少なくなって、ろくなもん食えなかったら病気になるわな」と、諦めたように笑った。

保険料を払えても病院に行けない

数十年フリーカメラマンとして活動し、60歳になったばかりのB氏から今年6月に、

「国民健康保険料の通知が来ました。月3万6000円。任意だったら加入しない」というメールが送られてきた。B氏は離婚し、子どもは独立して、今は独り身。1人分でその国保料は高いだろうと思う。私は現在、文芸美術国民健康保険組合という、市町村国保とは異なる「職業別の国保組合」に加入している（詳しくは第2章「職業別『国保』に入れないか」参照）。娘と2人で月4万6800円だが、自分1人ならおよそ月額3万円だ。文芸美術国保組合は、文筆業以外にも写真家、デザイナー、イラストレーターなどでも加入できる。ただし、自身の職業団体に加入しなければならない。B氏の場合なら、写真家関連の協会に所属した上で、文芸美術国保組合に加入の申請を提出する必要があるのだ。

B氏に写真家団体と文芸美術国保組合への加入を勧めてみたが、「あの（写真家）団体は会費が高いし、あまり良い団体とも思っていないから」と言われてしまった。過去に何度か誘われて、断ったらしい。たしかに職業団体に加入するにも「入会金」や「年会費」が万単位で発生する。

「実質的に〝強制〟なのに保険というのってどうかと思う。収入が低いから病院にだって行けないしね」とB氏。後日、彼にここ3年間の所得と国保料を教えてもらった。

2020年の所得約124万円→翌年（21年）国保料／年間11万2700円
2021年の所得約72万円　　→翌年（22年）国保料／年間13万1100円
2022年の所得約170万円→翌年（23年）国保料／年間18万1000円

3年間の中で、21年の所得が72万と低い割には前年の国保料よりも高い金額であることに驚く。B氏は「保険証をもっていてもなんの役にも立たない」と肩を落とす。

「本音を言うと都民共済のほうが助かるし、こちらは何とかして払おうと思う。なんでかって？　自分が契約するコースでは、死んだ時に500万円が出るから。病院には行かないから病気になった時の手当は不要なんだけど、死んだ時に500万円が出るなら後始末をするのに人にあまり迷惑をかけなくて済むでしょ。しかも保険を使わなければ、毎年割戻金もある。それに比べて国保の保険証をもっていても、この保険証をもつための保険料で生活が苦しくなるし、病院で一部負担するお金も支払えないから意味がない。入院もとんでもない。体調が悪くなっても、自力で何とかする」

私も都民共済ではないが、自分が「死んだ時の後始末代」を考えて死亡保険金が高い保険に加入し、受け取り人を子どもにし、どのように使ってほしいかも伝えている。こちらの民間の保険のほうが支払う上で納得感がある。ちなみに国保の被保険者が死亡した際、葬祭の給付はあるものの一般的に数万円から10万円程度である。やはり頼りにはならない。

「それでも日本の皆保険制度はすごいですよ」

と、前出・税理士の服部氏は言う。

「全員が公的医療保険に加入し、等しく治療を受けられるんですから。以前テレビで見聞きしたのですが、アメリカでコロナにかかって入院し、エクモを使用しなければならず、トータルで1億円かかったそうです。その人は充実した給付サービスの保険に加入していたから、その医療を受けることができたのです。アメリカでは保険内容によって治療が限られます。でも日本ではお金の問題でエクモを使うかどうか悩むことはないでしょう。大病して治療費が高くなっても、高額療養費があるから大抵は破産するほどにはなりません。皆保険体制でなければ、歯が痛くてちょっと歯医者にかかるだけでも、数万円かかってしまうのです」

それはわかる。わかるのだが、万が一の際にどんなに等しく治療を受けられることを考えても、今生活を圧迫するほど国保料が高い。B氏のように国保料を支払っているがために病院に行けないのでは意味がないではないか。次章では高すぎる国保料を下げるための秘策を紹介しよう。

第2章　国保料を下げたい時にやるべき・知るべき「10のこと」

前章ではなぜ国保料が高くなるのか、また国保に対する怒りや嘆きの声を紹介した。本章では国保料を下げたい時に知ってほしいこと、具体的な策を紹介する。10項目の中で（1）と（10）は加入者全員に、（2）～（5）は年金生活、無職、低収入の人に、（6）～（9）は事業に本腰を入れるフリーランスや自営業者に向けてのものだ。必要な項目だけ拾い読みでもかまわないし、10項目すべて読めば理解が深まるだろう。

（1）あなたの国保料はどう決まるのか

国保料を減らすには「どのように算出されているか」を知ることが重要だ。だが自治体によって決め方が異なる上、とても複雑な仕組みになっている。説明ばかりでつまらなく感じるかもしれないが、特に（1）のここは我慢して読み進めてほしい。

退職金は含まないが、不動産は所得になる

何よりおさえておきたい点は、現在ほぼすべての自治体が国保料算出において「旧ただし書き方式」を採用しているということだ。

杉並区議会議員ＯＢで、社会保障関連の多数の著書をもつ太田哲二氏がこう説明する。

「旧ただし書き所得とは『住民税基礎控除後の所得』といわれることもありますが、簡単にいえば『総所得金額－基礎控除（43万円）』ということ。例えば年収３００万円なら、給与所得に換算すると、年所得１９２万円。旧ただし書き所得は〈１９２万円－43万円〉の計算で１４９万円になります。ここに各自治体で毎年定められる保険料率がかけられ、保険料が決まります」

ちなみに大前提として「収入」と「所得」は異なる。自営業者なら売上（収入）から必要経費を引いた金額が「所得」。会社員なら、年収（収入）から会社員の給与所得控除を差し引いた給与所得だ。

図表4　確定申告書の記載例

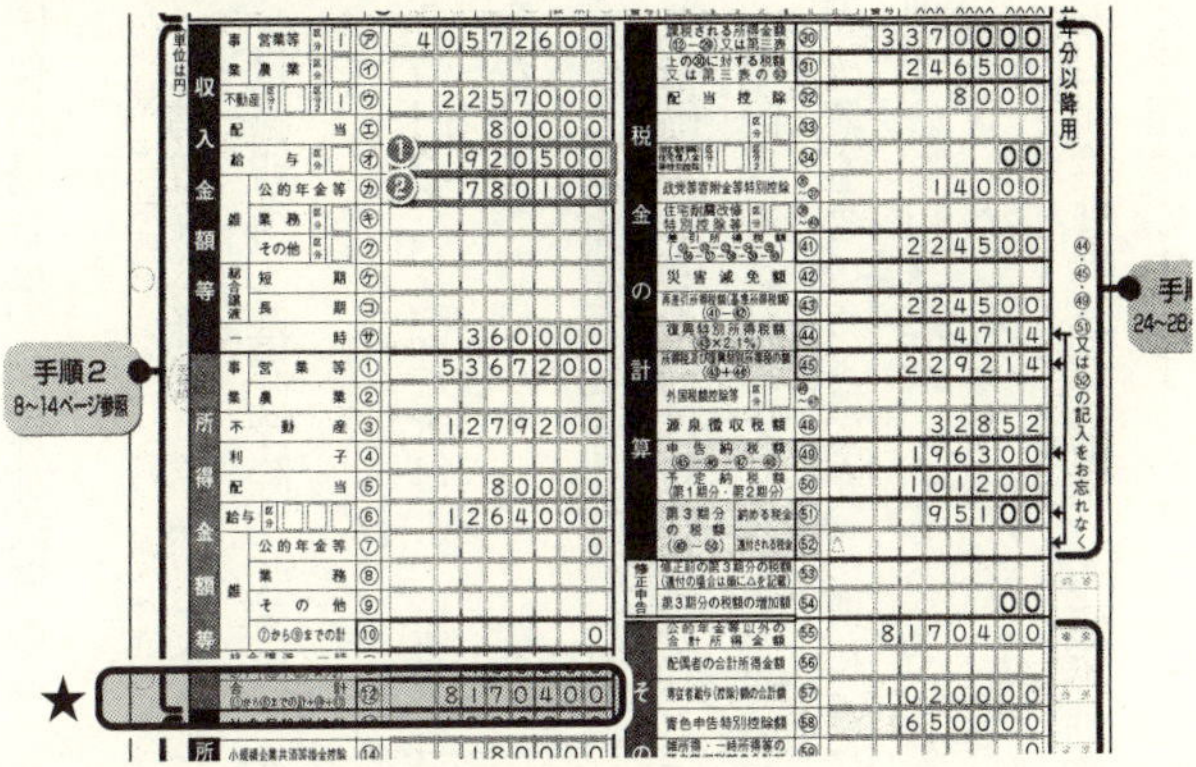

あなたはこれまで給料天引きなり、確定申告なりで所得税と住民税を毎年納めてきただろう。この2つを算出する計算方式は違うのだが、国保料は住民税の課税内容に基づいて行う。住民税算出における基礎控除は43万円。各自治体が国保料を計算する際には、「収入」から「公的年金控除などの必要経費」と、「基礎控除（43万円）」を差し引いた金額が基準になる。簡単にいえば所得から基礎控除（43万円）を引いた額だ（確定申告をしている人なら（図表4の★欄＝「合計」金額）から基礎控除（43万円）のみを引く）。

また収入は、各個人ではなく国保に加入している「世帯収入」である。夫婦2人で国保に加入しているなら、夫婦の収入を合算する。夫婦どちらかが会社員で企業の社会保険に加入し、もう一方が国保の場合は、国保加入者のみの所得で計算する。

世帯収入－経費（給与、年金は一定の計算により算出）＝世帯所得

世帯所得－基礎控除（43万円）＝旧ただし書き所得

この旧ただし書き所得が、保険料の「算定基礎額」になり、ここに各自治体の保険料率をかけるのだ。

重要なことは算定基礎額に、扶養控除や社会保険料控除は含まれないということ。経費と基礎控除しか引けないという点で、個人が保険料を下げるには手段が限られる。一般的な節税対策はあまり有効でないだろう。

引けるものは少ないが、「所得」にはカウントされるものと、されないものがある。税理士の石川幸恵《ゆきえ》氏によると「退職金（退職所得）は除かれます」という。

「そのほか労災保険の給付や雇用保険の失業等給付（基本手当など）、傷病手当、児童手当などは含まれません。一方で不動産賃貸や譲渡の収入はカウントされますので、土地などを売ってまとまった収入がある際は国保料がその分高くなってしまうため注意が必要です。また株式投資を行っている方は証券会社で口座を開設する際に『特定口座』と『一般口座』のどちらの口座を開設するか、選択したと思います。課される税金が源泉徴収される特定口座の場合は確定申告が不要で、国保料に関しても所得に含みません。とはいえ損した場合は確定申告をしたほうが所得税減額のためにいいのですが、確定申告することによる国保料の増額のほうが所得税の減額を上回ってしまうこともありますので十分注意が必要です」

夫、妻、子の世帯所得３００万円で国保料約64万円

さて旧ただし書き所得＝算定基礎額に、各自治体の保険料率をかけると述べた。これだけならまだシンプルなのだが、計算式を難しくしている点がある。まず健康保険が３段階の構造になっている点。税理士の服部修氏が解説する。

「国保料は、基礎賦課分（医療分）、後期高齢者支援分、介護分（40歳〜64歳のみ）が組み合わさっています。医療分が純粋な健康保険の部分。支援分は75歳から誰しも後期高齢者医療制度に加入しますから、それを現役世代が支援しているという形ですね。そし

て介護分は介護保険のことで、40歳から64歳までの人が負担しています。それぞれに限度額があり、3つの保険が合わさったような形で国保料は成り立っています」

ここまでは全国共通だ。

しかし、ここから自治体ごとに計算方式（賦課方式）が異なる。

国保には収入や資産に応じて課す「応能割」（所得割と資産割）と、収入などに関係なく一律に課す「応益割」（均等割と平等割）があるが、これを組み合わせて自治体が独自に算定することになっている。太田氏によると「東京23区など大都市部では、2方式（所得割＋均等割）が多く、全国的には3方式（所得割＋均等割＋平等割）、4方式（所得割＋均等割＋平等割＋資産割）が多い」という。

「所得割」は前述した「旧ただし書き方式」に料率をかけるもの。前年中に所得がない人はこの部分がゼロになる。

「均等割」は世帯の加入者数に応じて、「平等割」は1世帯に定額で、「資産割」は固定資産の価値に応じて計算されるものだ。

２方式（所得割＋均等割）
３方式（所得割＋均等割＋平等割）
４方式（所得割＋均等割＋平等割＋資産割）

「２方式、３方式、４方式を選択した後、賦課割合を決めます。国の標準割合は、応能割（所得割・資産割）：応益割（均等割・平等割）＝50：50。応能割内部の割合は所得割：資産割＝40：10、応益割内部の割合は均等割：平等割＝35：15となっています。標準割合ですから、市区町村が独自に割合を決めていいのです」（太田氏）

試しに夫と妻（ともに40代）、子（中学生）の３人で国保に加入している世帯の場合を計算してみよう。東京都23区在住、保険料の算定基礎額（世帯収入から経費や基礎控除などを引いた額）は３００万円として、令和６年の保険料率に基づいて算出した。

東京都は２方式（所得割＋均等割）なので、

〈医療分〉

「均等割」4万9100円×加入者3人＋「所得割」300万円×8・69％（東京都のある区の料率）＝**A（40万8000円）**

〈後期高齢者支援分〉

「均等割」1万6500円×加入者3人＋「所得割」300万円×2・80％（東京都のある区の料率）＝**B（13万3500円）**

〈介護分〉

「均等割」1万6500円×加入者2人（子を除く）＋「所得割」300万円×2・16％（東京都のある区の料率）＝**C（9万7800円）**

A＋B＋C＝63万9300円がこの世帯の年間の保険料額である。所得300万円に対し、保険料が約64万円である。高いと感じるのではないだろうか。

医療分の限度額は65万円、後期高齢者支援分の限度額は24万円、介護分の限度額は17万円であるので、国保料年間総限度額は「106万円」ということである。この限度額に対してたとえ１０００万円の高所得者であっても、所得の10％を超える額を支払うのだから、同様に高いと感じる人が多いだろうと思う。

自治体ごとに保険料にはかなりの差が

さて自治体ごとに保険料を計算する方式が異なると述べた。同一家族構成・同一収入でも住む自治体によって保険料が違い、その差は数倍といわれている。なぜそのような違いが起きるのだろうか。

佛教大学社会福祉学部准教授の長友薫輝氏は「理由は大きく３つです。第１に保険給付費の違い、第２に住民の所得の違い、第３に都道府県や市町村からの繰入れ金額（法定外）の違いによって生じます」と説明する。

「第１の『保険給付費』とは保険に加入している人が医療サービスを受けた場合、自己負担額以外の費用のこと。原則３割の自己負担である現行の公的医療保険では、残りの７割が保険給付となります」

例えば高齢化率が高くて、持病がある人ばかりの、医療費がかかる（保険給付費が多く発生する）地域と、住民の健康状態が良く、あまり病院にかからない（保険給付費が少ない）地域では保険給付費に差が出て、保険料に反映される。

第2の住民の所得については、高所得者が多い地域なら保険給付費を皆で分かち合い負担が抑えられるが、低所得者の多い地域で保険給付費が高ければもちろん個々の負担が重くなる。

この負担感は、保険料率からはわからないのだという。つまり「保険料率が高いから保険料が高い」「保険料率が低いから保険料が低い」とは言い切れないということ。筆者居住地の区役所・K職員が言う。

「同じ東京であっても、区ごとに住んでいる人たちの平均所得に違いがあります。例えば高額な所得者が多い区では、保険料上限額の約100万円を支払う人が多いので、料率が低くても必要な支出（保険給付費など）を確保できます。むしろ料率を高くすると保険料を集めすぎてしまうんですね。一方で、所得が低めの区では、相対的に料率を高く設定しないと必要な支出を確保できません。また保険料を計算する際に、一般会計からの法定外繰入れがあり、これが保険料を下げるためや保険料収入が足りない時に使われることもあります」

K職員の言葉に「一般会計からの法定外繰入れ」という言葉が出たが、これが自治体ごとに保険料が異なる第3の理由である。第1章でも取り上げたが、高すぎる保険料などを抑制するために、一般会計から国保会計に投入しているものだ。「端的にいえば住民税からお金を補塡する」（K職員）ということで、社会保険に加入している人からすれば、住民税を通して国保を支援しているのだから不公平感を招きやすい。

しかし大阪社会保障推進協議会事務局長の寺内順子氏は「支援しているんじゃなくて、国保に面倒を見ていただいているんだから、お金くらい出しましょう」と強調する。

「いずれ自分も仕事をやめたり高齢になったら国保加入者になるのです。そしてその国保で保険料が高いという問題が起きているのですから、お金を支援して当たり前。一般会計法定外繰入れは、住民運動によって勝ち取った費目といえますね。法の定める範囲を超えて自治体が独自に繰り入れる支出で、その大半は、保険料の引き下げ、減免制度の拡充、赤字の補塡など住民負担の抑制のために使われています。ただ国からは『お金を入れるな』という圧力がすごいですから、自治体ごとに繰入金の金額はかなりの差があります。もちろんゼロのところだってありますよ」

大阪社会保障推進協議会のホームページ（https://www.osaka-syahokyo.com/index.html）

図表5　主な大都市国保料比較調査（2022年度）

地域	夫婦（40代）・子ども（中学生1・高校生1）の4人世帯、所得200万円（妻の年収0円）※2割軽減世帯	夫婦世帯（70歳代）、所得80万円（妻の年収0円）※5割軽減世帯	単身世帯（70歳代）、所得0円 ※7割軽減世帯	単身世帯（70歳代）、所得100万円 ※軽減なし世帯
札幌市	339,360	85,590	18,800	128,580
東京都新宿区	295,526	72,764	16,590	109,108
横浜市	262,440	81,869	13,716	101,409
大阪府統一保険料	412,115	104,152	24,866	147,694
神戸市	332,680	101,560	21,890	140,310

※中央社会保障推進協議会　国保資料より（単位：円）

の「各種データ」で全国市町村の法定外繰入金も見ることができる。私も居住地の法定外繰入金を目にした。計算すると、1人あたり1万円近く保険料を安くするために繰り入れている。なかなか奮闘しているのだと感じた。

それにしても、定められた保険料率から自分の保険料を計算することはできても、この料率がどのように導きだされたのか、その計算を個人が行うことは「素人では困難」（太田氏）というが、その通り。私たちはよくわからないまま自治体が決めた料率で国保料を支払うしかない。

せめて自分の住んでいる地域が2方式な

のか、３方式、４方式なのか、知っておきたい。次に、できたら近隣の自治体と比べてみよう。他の自治体と比較して、あなたの居住地の保険料は高くないだろうか。もし高いのだとすれば、その理由も考えてみたい。考えたところでどうにもならないと感じるかもしれないが、住民が自分の支払う保険料に興味をもつことは、いつか大きな力となって自治体に働きかけるかもしれない。寺内氏から大阪で市民運動を行い、行政を動かしてきた話を聞くたびにそう思う。

〈年金生活・無職・低収入の方へ〉

（２）「軽減」「減免」の申し出を

国保料を下げることを考える時、「減額制度（軽減制度）」と「減免制度」がある。この２つは異なるということを頭に置いておこう。恥ずかしながら、私は長いこと一緒だと思っていた。

まず減額制度のほうから——。

所得ゼロの家族分も申告しているか

国民健康保険法（国保法）に基づき、低所得者世帯に対する軽減制度が設けられている。応益割（収入などに関係なく一律に課す「均等割」「平等割」）についての軽減で、保険料の7割、5割、2割を軽減するというもの。こちらは自治体が前年の所得に基づいて計算し、自動的に計算するので申請する必要はないのだが、あくまで〝所得がわかれば〟の話である。太田哲二氏が解説してくれた。

「所得税の確定申告や住民税の申告、あるいは国民健康保険料に関する申告書を提出していればいいのですが、かなり大勢の人がそれを実行していないでしょう。私の推計では100万人はいると思いますね。所得が一定基準以下なら応益割が減額されます。ところが所得税ゼロだから確定申告しない、住民税の申告もしない。そうなると市区町村は国民健康保険料を計算することが不可能になってしまい、応益割全額を請求されてしまう。大雑把に応益割はどの市区町村でも年間4～8万円あります。仮に応益割5万円とし、7割減額されるような所得だった場合、所得を申告すれば1万5000円の支払いでＯＫになるのです」

　前年中の所得について、世帯全員の所得をきちんと申告しているだろうか。もちろん確定申告をしているならＯＫだし、アルバイトの給与所得のみで勤務先で年末調整を受けた人も所得の申告は必要ない。しかし、２か所以上のアルバイトをかけもちしている人や、アルバイトとは別に業務委託で得ている収入がある人、勤め先で年末調整されていない人、年内に退職した人などは自身で確定申告をする、つまり所得を申告する必要がある。

　また公的年金（国民年金、厚生年金、企業年金、恩給など）所得のみの人は申告する必要はないが、税法上所得申告が不要（給与収入１０３万円未満）の人でも、国保加入者は申告したほうがいい。

　筆者居住地の区役所・Ｋ職員もこう補足する。

「日本年金機構から税部門への法定の報告がありますので、年金収入のみの方の申告は基本的には不要です。ただし例えば夫婦２人世帯でどちらも国保加入者で、どちらかは年金収入を得ているけど、もう１人は年金を得ておらず所得ゼロの場合、『私は所得がないから税申告をしなくていい』と思ってしまいがちですよね。でも少なくとも国民健康保険加入者の方はゼロならゼロと、各自治体の市町村の税係に申告してください。ゼロの方がきちんと申告することで保険料の減額が適用される可能性があります」

さかのぼって減額もあり得る

減額基準表を図表6に記す。あくまで世帯の総所得であるため、国保加入者が低所得者あるいは所得なしでも、国保に加入していない世帯主に所得がある場合、減額されないことがある。もし親子の世帯で、親が年金収入のみ、子どもが年収を得ている場合「世帯分離」をして親が単身世帯になったほうがこの減額基準に該当する可能性が高い(詳しくは（3）項)。

「収入」ではなく「所得」である点に注意が必要だ。（1）でも述べたが、ざっくりと「収入－必要経費＝所得（事業所得、給与所得、不動産所得、利子所得など10種類)」である。厳密には「合計所得金額」「総所得金額」「総所得金額等」は異なる。ただ一般的にそこまで理解する必要があるとは思えないので、最低限「収入」と「所得」は違うことを認識しておけばいい。ちなみに高齢者の公的年金等控除は大きい。

図表６　応益割・減額基準表（令和６年度）
「収入」ではなく「所得」である点に注意！

7割減額	総所得43万円＋（給与または年金所得者の合計数－1）×10万円
5割減額	総所得43万円＋（給与または年金所得者の合計数－1）×10万円＋29.5万円×被保険者数（※）
2割減額	総所得43万円＋（給与または年金所得者の合計数－1）×10万円＋54.5万円×被保険者数（※）

※後期高齢者制度移行により国保を脱退した人（特定同一世帯所属者）を含む

そして見落としがちなのが「高齢者特別控除15万円」と太田氏。

「所得税や住民税を計算する時の年金所得は、年金収入－公的年金等控除＝所得ですが、65歳以上で国保料の減額制度の場合（年金収入のみ）は、国保法に基づき『年金収入－公的年金等控除－15万円（高齢者特別控除）＝所得』となります。例えば年金収入１２０万円のみの場合、１２０万円－１１０万円（公的年金控除）－15万円（高齢者特別控除）＝マイナス５万円＝所得ゼロとなります。応益割（均等割）７割減額の適用になるでしょう」

国保料決定通知が来た際、計算式のどこかに世帯所得が記載されているはずなので、自分が申告しているものと同一かという確認をしておきたい。

さて太田氏のもとに時折、国保料滞納で相談に訪れる人がいるという。所得無申告で減額制度が適用されていないような場合は、自治体窓口に行かせて「さかのぼって適用してくれませんかと言うように」とアドバイスしているそうだ。

「地域によって国保料でなく国保税といわれることがありますが、一番の違いは『時効』です。保険料なら2年、保険税の場合は5年、さかのぼって減額適用してもらえる可能性がありますよ」

前年度収入が高くても減額の可能性

ここまで読んで一定の収入がある人は、「自分は該当しない」と思うかもしれない。しかし、決めつけないほうがいい。

ファイナンシャルプランナーの内藤眞弓氏はこう説明する。

「実際に減額されている世帯は800万世帯近くあるのです。相当な数ではないでしょうか。7割・5割・2割といった法定軽減だけでなく、各自治体が定める申請減額制度もあります。ですから困ったら、自分の状況を的確に伝えられるメモをもち、やはり自治体の窓口に相談してみたほうがいいと思います。保険料が減額されている方は、低所得者が多いのは確かですが、中には年収３００万、４００万、５００万円くらいの方もいて、時には１０００万円以上の人もいるのです」

特に倒産や解雇で離職した人は、保険料軽減の可能性が高い。「非自発的失業」といわれ、国保法で保険料の軽減の対象となっている。

太田氏は「見栄をはらないで、クビ（解雇）なら会社都合と主張すること」と言う。

「会社が倒産した場合ははっきりしますが、クビの場合、会社都合なのか自己都合なのかあいまいでしょう。特にブラックな企業は実質的にはクビなのに『自己都合のほうが経歴に傷がつかないですよ』などと誘導するケースがある。ヤケになって『どっちでもいい』などと考えず、クビならクビにしてもらって、公共職業安定所（ハローワーク）や自治体の窓口でもそう説明すること」

コロナ禍では「コロナ特例減免」が実施されたが、災害や失業などで〝生活が著しく困難になった場合〟、保険料が減額・免除になるとされている。私の居住地の区では、コロナ禍の２０２０年６月からコロナが「５類感染症」の位置付けになる23年5月８日までの間に約４６００件の適用があったそうだ。また均等割の減額についても日頃から区民の半分近くが適用されているとのこと。だから払えない事情がある際は、やはり自治体の窓口に相談したい。

「生活が著しく困難」の具体例

生活が著しく困難になった場合「国保料の減免制度」がある。先に述べた自動的に「減額」されるものではなく、自ら申請する必要がある。〝生活が著しく困難〟とは、筆者居住地の区役所・K職員によると、「生活保護基準表にある基準額の1000分の1210に相当する額」という。何ともわかりにくい。

太田氏は杉並区に働きかけ、同区では「生活が著しく困難」の例を図表7のように具体的に挙げているので参照してほしい。

杉並区の便り(令和元年10月作成)には「収入には住民税の課税対象となる収入のほか、遺族年金や障害年金など課税対象にならない収入や手当、親族からの仕送りも含め、ご本人と世帯全員の収入が対象になる」「世帯員全員の預貯金が基準生活費の3か月分に相当する金額以下であること」など、細かい要件が並ぶ。

それでいて減免の期間は3か月。延長しても6か月が限度というから厳しい。

図表７　「基準生活費例」（生活保護認定基準の115%）

世帯構成	生活基準額	住宅費（家賃）	合　計
単身（65歳）	89,961円	80,270円 上限	170,231円
2人世帯 （20歳、59歳）	140,947円	86,250円 上限	227,197円

※太田哲二氏より資料提供

ともかくも災害時は自治体もＰＲするが、「生活が著しく困難」の場合はこちらから言わない限り自治体は何もしてくれない。上記の例と同等レベルに困窮した際は窓口で「減免の対象になるか？」と尋ねることをお勧めする。

（３）「高収入」と「低収入」の家族なら、世帯分離

「世帯分離」という言葉を聞いたことがあるだろうか。私は本書の取材で初めて知ったのだが、国保料減額につながるという。

世に先駆けて２００６年に『家計を守る「世帯分離」活用術』（中央経済社）を出版し、大反響を呼んだ太田哲二氏に、この項を解説いただこうと思う。まず「世帯分離」とは何か。

「世帯分離というと、『親子の縁を切る』『偽装離婚』のイメージをもつ人がいますが、それは戸籍謄本の話であって、住民票の話ではありません。民法７２５条で親族を定めていますが、それは

身分のこと。身分といっても『お殿様と家来』ではなくて（笑）、親子、夫婦、兄弟姉妹といった関係ですね。その具体的事実が戸籍法で定められた戸籍謄本に記入される。一方で世帯は、住民基本台帳法に定められた住民票の話。現住所を基本に記入されるものです」

実際の住民票を見ると、例えば我が家の場合は一番上に「世帯主」の私の名前が書かれ、その下に私と娘の名前が記載されている。親子の縁を切ったわけではないが、遠方に暮らす父、離れて暮らす息子はここには記載されていない。

「国の通達では、世帯とは『居住および生計を共にする者の集まり、又は単独で居住し生計を維持する者』ということになっています。住民基本台帳事務処理要項では、世帯とは『居住と生計をともにする社会生活上の単位』です。それを踏まえると、親戚でない者も世帯の構成員にできますし、夫婦でも夫が単身赴任で別居すれば世帯は別、同居していても生計を異にしていれば世帯は別ということになります」（太田氏）

世帯の意味が何となくわかったところで、世帯分離をしたほうがメリットがあるケースとは「高収入と低収入がいる世帯」である。太田氏が45歳の息子（年収９００万円）と70歳の親（年金収入１３０万円）の２人世帯（２人とも国保加入者）をモデルに教えてくれた。

息子は、年収９００万円－２１０万円（経費）＝所得６９０万円。70歳の親は、年金収入１２０万円－１１０万円（公的年金等控除）－15万円（高齢者特別控除）＝マイナス５万円。となると、世帯所得６９０万円になるので、先の減額基準表にはあてはまらない。つまり親は応益割の全額（例として約５万３０００円）を支払うことになる。

「この世帯で、世帯分離をすれば息子の保険料には変化がありませんが、親の保険料は応益割の７割が減額になり、約１万６０００円の支払いで済むのです」（太田氏）

図表８　入院中の食事代

所得区分	標準負担額（1食）
住民税課税世帯	490円
70歳未満で住民税非課税 70歳以上で住民税非課税2	230円 （90日を超えると）180円
70歳以上で住民税非課税1	110円

病院に入院した際の食事代も、所得区分で金額が異なるため、世帯分離をすることで安くなる。太田氏が続ける。

「例えば70代の母親（年金収入70万円）と息子（40代、年収９００万円）の２人家族の場合。母親が入院すると、世帯分離していなければ１食４９０円。ところが世帯分離をしていると、母親の収入では１食１１０円です。１か月分の差は、（４９０円－１１０円）×３食

×31日＝3万5340円にもなります」

世帯分離をするとデメリットになるケース

この例のように、片方が高収入、もう片方が低収入なら、世帯分離をするとメリットがある。一方で、2人とも低収入の場合は、世帯分離をしないほうがいい。

「2人世帯なら非課税世帯なのに、世帯分離すると課税世帯になってしまう可能性がある。図表9でいうと真ん中のケース。しかし2人とも所得45万円以下であれば問題ありません」（太田氏）

また家族で2人が「要支援・要介護」になった場合も、世帯分離をするとデメリットになる可能性が高い。要支援・要介護度に応じて受けられる介護サービスは支給限度額が決められている。この支給限度額を超えてサービスを利用する場合は、全額自己負担になるが、1か月あたりの介護費用の自己負担額が一定の上限を超えた時、高額介護サービス費として払い戻される。第1章で取り上げた「高額療養費」と似た仕組みだ。

この「高額介護サービス費の上限」は世帯でカウントするため、世帯分離をしてしま

図表９　世帯分離での注意

それぞれの所得	２人世帯➡世帯分離すると
親30万円、子500万円	課税世帯➡親・非課税世帯、子ども・課税世帯 ○（親が非課税世帯となりメリットあり）
親30万円、子80万円	非課税世帯➡親・非課税世帯、子ども・課税世帯　×（子どもが課税世帯に）
親30万円、子20万円	非課税世帯➡親・非課税世帯、子ども・非課税世帯　△（してもしなくても変わらない）

※太田哲二氏作成

うと、要支援・要介護者それぞれに上限額が設定されてしまうのだ。

「例えば65歳以上の夫婦で一般世帯（世帯の誰かが住民税を課税されている）の場合、２人とも要介護になったら負担上限額は合わせて月額４万４４００円ですが、世帯分離をすると、それぞれの上限が４万４４００円になるということです」（石川幸恵税理士）

しかし一方で、施設に入所した場合、居住費や食費などの自己負担限度額が世帯の年収と預貯金で決まるため、低所得者は大幅に安くなる。例えば80歳の母親と子ども夫婦で暮らしていて、母親の足腰が弱ったため特養に入所した場合。子ども夫婦の年収によって、特養の自己負担額は月額10数万になるだろう。しかし基本的に母親の収入は、遺族年金の月7万円のみとする。施設に確認した上で母親の住民票を移し、世帯を別にすれば、特養の自己負担額は80歳の母親の単独世帯として計算されるため、自己負担額が大幅に下がるのだ。おそらく月10万円を切るだろう。

太田氏は「健康保険料、世帯でカウントする負担上限額、世帯分離した場合の居住費・食費、それに介護保険関係の支出などを計算して、判断したほうがいい」とアドバイスする。

また、もし世帯分離をして大きく不利になったら「再度、世帯変更すればいい」ともいえる。

どうやって申請するのか？　「世帯分離届」という名の書類はない

肝心の世帯分離をする方法だが、居住地の自治体の窓口で「世帯分離をしたい」と相談するのが一番手っ取り早い。

「届出の書類名は、世帯変更届、住民異動届といろいろですが、基本は異動または世帯変更です。世帯分離届という名称の書類はありませんので気をつけてください。窓口で世帯分離の届出の書類はどれですか？　どう書くのですか？　と尋ねれば、教えてくれるでしょう。運転免許証やマイナンバーカードなど本人確認書類を持っていけば、手数料無料ですぐできます。何年か前、私のところに取材に来た週刊誌記者は、親と同じ世帯だったそうですが、取材の帰りに役所で世帯分離の手続きを済ませ、すぐできた、負担軽減になりましたと喜んでましたよ」（太田氏）

窓口で何か聞かれるのではないかとドキドキするかもしれない。もし聞かれたら、「生計を共にしていないから」でＯＫ。

「しかし、『社会保障の負担を軽くしたい』とか『親と縁を切りたい』などとは混乱を招くので言わないこと。あくまで生計を共にしていないという実態があって世帯分離をし、その結果社会保障負担が軽くなるのです。また縁を切る、切らないということは最初に申し上げた通り、世帯分離とは関係がありません」

そして夫婦の場合は、「生計を共にしている」とみなされるため、容易には世帯分離ができない。ただし一方が老人ホームに入居していれば、住民票を老人ホームに移すことで住居が別になり、世帯分離となる（この場合、室料や食費の減額にはつながらない）。

（4）家族の「扶養」になる

自身の国保料が払えない時、家族の誰かが被用者保険（組合健保、協会けんぽ、共済組合）の加入者なら、その〝被扶養者〟（扶養家族）になれば保険料の負担が増えない。

例えば40代や50代の子どもが、自身の協会けんぽや組合健保に、年金収入のみの親を加入させて、被扶養者とすれば親の保険料は追加でかからないのである。しかし前項の「（3）世帯分離」で紹介したように、親が要介護者で介護サービスのために「世帯分離」をしていたらどうだろう。被扶養者のままでいられるのだろうか？

「結論からいえば大丈夫です」と太田氏が言う。

「被扶養者の範囲は、被保険者の直系親族、配偶者、子、孫、兄弟姉妹で、主として被保険者に生計を維持されている人であれば、『世帯』や『同居』は要件ではありません。親は世帯分離しても、子どもの協会けんぽや組合健保に加入したまま、介護保険のメリットを享受できるのです」

ここはかなり重要なポイントだと思う。同居していなくても、世帯が一緒でなくても、被扶養者でいられるのだ。「主として被保険者に生計を維持されている」とは、ケース・バイ・ケースの側面もあるようだが、「同一世帯でない場合は対象者の年間収入が130万円（※対象者が60歳以上または障害者の場合は180万円）未満で、かつ被保険者からの援助による収入額より少ない場合には被扶養者になる」（太田氏）という。

また、年収130万円を超えると社会保険上の扶養ではなくなり、自分自身で社会保険に加入し、保険料を納めなければならない。いわゆる「130万円の壁」である。だから被扶養者になるのなら、「1年で130万円を超えない範囲で仕事をする」ことが条件だ。勤務先から交通費の支給がある場合、それを含んだ金額なので気をつけよう。

ちなみによく聞く「103万円の壁」とは、被扶養者自身に所得税がかかり始める金額のこと。逆に言うと1年間の給与収入が103万円以下であれば、所得税はかからない（ここには交通費支給分は含まれない）。配偶者の扶養に入っている場合は、扶養者が合計所得900万円以下である人は満額（38万円）の配偶者控除が受けられ、その分所得税も安くなる（103万円を超えた場合でも、被扶養者の給与収入が103万円超150万円以下、納税者本人の合計所得金額が900万円以下であれば38万円の配偶者特別控除が受けられる）。このように所得税などの支払いが免除される「税法上の扶養」と、健康保険料の負担が免除される「社会保険上の扶養」は違うので混同しないこと。

(5)「106万円の壁」を超えられないか

低所得で高い国保料に悩んでいるなら、社会保険に加入できる事業所でアルバイトやパートをするのも一案だ。第1章の「ファイナンシャルプランナーが勧める〝ちょこっと〟起業」と内容は同じで、ギリギリ社会保険の加入対象になるような働き方を目指すのである。勤め先の企業の従業員規模が51人以上で月収8万8000円以上、2か月以上の雇用見込み、週20時間以上働いている、学生ではないという条件がそろえば、勤め先の社会保険に加入できる。

前項の「家族の『扶養』になる」場合は「年収130万円の壁を超えない範囲で働く」と記したが、あえて「年収106万円(106万円÷12か月=月収8万8000円以上)」を超えるのだ。

ただし、遺族年金を受け取っている人は本当に社会保険に加入したほうがいいか、よく考えたい。遺族年金とは国民年金や厚生年金保険に加入していた被保険者が亡くなった時、被保険者によって生計を維持されていた遺族が受け取ることができる年金だ。不幸にして配偶者が亡くなり、遺族年金を受け取りながら自身が生活の足しにアルバイトやパート勤務をしていたとする。社会保険の適用条件が従業員人数１０１人以上の事業所だったのが、今年10月から51人以上の事業所に対象が広がり、勤め先もその条件を満たし、勤務先から「社会保険に加入しますか」と聞かれた時――あなたは「老後に自分の厚生年金がプラスされることになるし良さそうだな。加入しよう」と思うのではないだろうか。もちろん問題はないのだが、自分が老齢年金を受け取ることになった時、自身が頑張って支払ってきたその厚生年金の給付分、遺族年金を減らされてしまうということを知ってほしいのだ。例えば遺族厚生年金を月10万円受け取っていたとする。そして自身もパート勤務で社会保険（健康保険と厚生年金）に加入し、65歳以降月２万円の厚生年金を受け取れるようになった。すると遺族厚生年金を月８万円に減額されてしまうということ。

総額の年金を増やすためではなく、仕事にやりがいをもち、さらなる収入アップを目指しているから労働時間を増やして社会保険に加入する――そんな決断であるなら、素敵だし応援したい。

〈フリーランス、自営業者へ〉

ここからは、個人事業主で国保に加入している人に向けて国保料を下げる手段をお伝えしたい（ただし自身の親など、低収入の家族と同居している人は（3）の世帯分離の項も併せて参照を）。

（6）必要経費を正しくしっかり計上

個人事業主が国保料を下げる上で最も重要なことは経費をきちんと計上し、「所得を下げる」ことである。言われるまでもなくきちんとやっているよ！　という人もいるかもしれない。だが、改めてあなたは経費をきちんと計上しているだろうか。

自宅で仕事をする人の場合、家賃を経費（地代家賃）にできるが、その按分《あんぶん》をどのように決めているだろう。

税理士の服部修氏は「やはり使用面積ですね」と、説明する。

「例えば50平米のマンションに住んでいて、10畳の仕事部屋がひとつあったとします。10畳というと約16平米なので使用面積のおよそ3分の1。すると家賃の3分の1を経費に計上します。このようにして玄関とトイレも仕事で使うと思いますから、それらの使用面積を仕事とプライベートで使用する比率を考慮しながら追加するといいでしょう。仮に家賃の4割を経費に計上したとして、税務署に聞かれた際に『だいたいそのくらいだと思ったんですよね』と答えるのはNG。大切なことは『これはどういう計算ですか?』と尋ねられた際に、計算に基づいて説明できるか、ということです」

テレビ出演や講演の仕事があるような人は、その衣装費も経費にできる。だが、もし100%経費として計上する場合は、普段着では一切着ないという主張ができなければならない。

「靴でも鞄でも何でもそう考えましょう。例えば今、笹井さんはボールペンを使っているけれど、『このボールペンは95%仕事で使っている』のなら、もうそのコストは100%経費計上でいいでしょう」（服部氏）

接待交際費について法人であれば資本金1億円以下の企業では800万円が上限というルールがある。しかし個人事業主の接待交際費は上限がない。

「法的には制限がありませんが、実は制限があるというのが私の考えです。なぜなら個人はすべてが生きるため、生活に直結するからです。税法上ではどれも収入を得るために支払わなくてはいけない経費とも考えられるし、そこには当然上限があるでしょう」（同）

服部氏の言うことは当事者にはよく理解できる。プライベートが仕事に直結することは多々あるから、すべて経費にできるけれども、売上＝年収だから経費にも自《おの》ずと上限ができるのだ。だからそれが〝制限〟ともいえるのかもしれない。

以前仕事で、ある直木賞作家の方にインタビューした際、その方も「執筆業は頭脳労働ではなく、肉体労働と同じ」と言っていた。「体を使って一文字一文字書くから、すっごい一生懸命働いても〝ここまで〟という限界値がある」と。もちろん本が大量増刷したとか、講演が殺到したなどという外的要因があれば、売上（年収）は上がる。ただそれは宝くじ的要素なのだ。取材した直木賞作家の方も「例えば映画化されればそのおかげで本が売れることもありますが、それは私の力ではありません。頼りにはできない。本当に頑張らないといけないのは〝体で出せる数字〟です」と述べていた。

だから毎年1人で仕事をし、誠実に帳簿づけをしているると、確定申告をするたびに売上と経費、所得のバランスはほぼ一定。外的要因で売上が上がらなければ「売上（取材執筆して得た収入）－経費＝所得（利益）」のバランスは変わらない。

経費の金額が変わらない……とがっかりするのではなく、だからこそ手元に残るお金の予想もしやすいと考えよう。また仕事で何かの金銭的負担が発生する際も、「いつも支払ってきたものだから」と、躊躇《ちゅうちょ》なくお金を出せる。例えば遠方で旅費がかかると思っても、少しでも話を聞きたかったら私はオンラインや電話取材ではなく直接会いに行く。仕事で勉強のために読みたい本があれば、重要箇所に赤線などを引いてチェックしたいので図書館で借りるのではなく購入する。専門的知識を教えてくれた方に謝礼を支払うなどである（そのほうが良質な原稿につながり、結果的に次の仕事も舞い込みやすい）。

私の場合は毎年大きな金額の経費が下記６つだ。

「書籍購入費」約20万円（取材執筆の際に購入する本や資料費）
「接待交際費」約14万円（取材時の飲食や、取引先への手土産費）
「旅費交通費」約20万円（仕事関連の電車交通費、新幹線代、航空チケット代、宿泊費も）
「外注工賃」約60万円（専門的な知識を教えてもらった取材先に支払う謝礼）

「荷造運賃」約10万円（取材に協力いただいた方にできあがった本や雑誌を送る運賃、そのほか仕事関連の郵送費）

「地代家賃」約60万円（自宅の3分の1を仕事のスペースとして使用しているため、家賃の3分の1を経費に計上）

どれも領収書や、交通費なら履歴、家賃なら使用面積といった裏付けがあるものなので、万が一、税務調査が入った際も大丈夫だと思っている。それでも改めて「経費は説明できる理論構成が重要」という服部氏の言葉を胸に刻みたい。

余談だが、23年度分は売上（年収）が約700万に対し、経費が205万円で所得約495万円だった。いつも通りの申告なら所得が500万円を切らず、「ひとり親控除」を適用できなかった。国保料には影響しないが、他の税金の軽減には大きい。

なぜ今年は所得をしっかり下げられたのか。それは次項の青色申告で55万円の控除を行ったからだ。

（7）「青色申告」で65万円控除を目指す

確定申告には、法人にも個人事業主にも「青色申告」と「白色申告」の２種類がある。大まかにいうと青色申告のほうが作成が複雑で、白色申告のほうが簡易な作成で済む。

第１章にも登場した雑誌の専属記者である知人記者A氏は、固定給だが業務委託契約だ。出版界にはこの雇用形態で働く人が多く、年俸制でそれなりの額をもらえる代わりに個人事業主の扱いで国保加入。そのため彼も毎年自身で確定申告をしているのだが、年俸（年収）およそ６００万円から経費を引き、所得２００万円くらいで申告しているという。国保料は年間30万円弱。

正直なところ、普通はそこまで年収を減額できないだろう。おそらく公私混同した領収書もあるだろうし、領収書そのものが存在しない経費もあるかもしれない。

彼にそのやり方を咎めると、「だって白色だから。税務調査は入らないし、もし入ってもお咎めが厳しくないでしょ」と言われてしまった。たしかにフリーランスの間では「白色は税務調査されない」という説がまことしやかに囁《ささや》かれている。そういった類のネット記事や本を読んだこともある。

しかし、本当にそうだろうか？

私はフリーランスになって最初の2年間は白色で、ここ5年間は青色申告を選択しているが、白色よりも青色のほうがリスクなく所得をしっかり下げられ、国保料も安くなると実感している。

青色申告のメリットを税理士の服部修氏に聞いた。

「ひとつは、個人事業主は最大で65万円までの青色申告特別控除を受けられること。記載方法や申告方法によって65万円、55万円、10万円と適用できる金額が変わりますが、白色申告では青色申告のような特別控除はありません」

国保料の基準となる課税所得を出す際、所得から差し引かれる控除は「基礎控除のみ」で、扶養控除や生命保険料控除、医療費控除などは差し引くことができない。しかし青色申告の場合は、青色申告特別控除も差し引くことができるのだ。

例えば売上から経費を引いた所得が400万円だったとして、基礎控除（43万円）を引くと357万円。この場合、東京都のある区における年間国保料は40歳以上単身世帯で約「63万円」だ（高い！）。しかし同条件で青色申告特別控除を満額適用して65万円を控除すると約「53万円」と、「10万円」も減額になる（それでも高いが）。もちろん国保料だけでなく、所得税も、住民税も安くなる。

「また青色申告では事業が赤字になった場合、その損失を翌3年間にわたって繰越することが可能です（「純損失の繰越控除」）。ところが白色申告ではできません。さらにもうひとつ、青色申告では事業を手伝う家族や親族への給与を経費にできます（「青色事業専従者給与の特例」）。白色申告でもできるのですが、配偶者が年86万円、そのほかの親族は50万円といった上限があります。青色申告では常識を超えるような範囲でなければ、自由に設定することができるのです。ただし事前に届出手続きが必要です」（服部氏）

それでは「税務調査」についてはどうだろうか。白色申告者には税務調査が入らないという説である。服部氏はこのような見方をする。

「もし私が国税局にいて税務調査を担当しているならば、白色申告の人を見た時に『なぜ青色申告を選ばないのか』と考えるでしょうね。前述したように青色申告にはさまざまな特典があるのです。特別控除があり、損失を翌年以降に繰越でき、親族に対しての給与も経費に認められる。けれどもそれらを選ばない。もちろん事前に税務署に青色申告承認申請書を提出しないといけませんから、そういった手続きを知らなかったという人はいるかもしれません。しかし、そうでなければ、なぜ本来申告者にとって有利なはずの青色申告を選ばないのか。そういった疑問から税務調査が入る可能性もありますし、悪質な税逃れがされていると判断された場合は7年前までさかのぼって調査されることもあります」

私の仕事は多くが出版社から原稿料が支払われるため、収入（売上）をごまかすことはできない。出版社から「この人にお金（原稿料）を支払いましたよ」という報告が税務署にされているからだ。しかし現金商売の人は、あくまで「自己申告」のため収入を隠しやすい。中には過少申告をしている人もいるだろう。

「税務署としては繁盛している評判を聞きつけて、所得の申告が少ない場合は覆面調査を行う場合もあると思います」（石川幸恵税理士）

また以前はざっくりとした申告でOKだった白色申告も、帳簿をつけなくてはいけなくなった。

「およそ10年前から『事業所得等を称すべき業務を行うすべての白色事業者の方は収入および必要経費を記載すべき帳簿を備え付ける』とされました。つまり、帳簿をつけなくてはいけません。白色申告を続けるメリットはないといえるでしょう。簡易な帳簿で

あっても、青色申告なら10万円控除が適用されます」（同）

そうなのだ。青色申告の最低ランクの控除、10万円は、税務署に青色申告をするという申請さえ出せば原則として翌年度から適用できる。

散々偉そうに書いてきた私だが、23年度の申告で初めて「青色申告の特別控除」を55万円まで適用した。それまでは正式な帳簿づけのやり方がわからず、10万円控除しかしていなかったのだ。

しかし23年10月にインボイス制度が導入され、これまで消費税納税を免除されてきた小規模事業者（２年前の収入が年間１０００万円未満）に対しても、実質的に課税事業者になることを求められるようになった。私は悩んだ挙句、23年９月に「適格請求書発行事業者」の登録申請を行って課税事業者となり、23年10月から12月分の消費税を今年３月に納めた。今後はずっと消費税を支払っていかなくてはならないこともあり、青色申告特別控除を55万円まで受けようと思ったのだ。

青色申告特別控除の10万円控除と55万円控除の差は、「賃借対照表」を提出できるかどうか。再び税理士の石川氏の解説。

「10万円控除の場合は、損益計算書のみの提出でＯＫです。収入がこれだけあり、経費がこれくらいかかり、だから利益はこれですという簡易な書類ですね。それに対し賃借対照表は、バランスシートとも呼ばれ、資産や負債の状態を表し、財産状況の把握が可能になる書類です。単式簿記ではなく複式簿記になります」

単式簿記は取引内容を1つの科目で記録する。いわば家計簿のようなもので、〈日付・項目・支出額〉でOK。複式簿記ではお金や物の出入りと財産の増減を一緒に見ることができる。資産増加を示す「借方」を左側に、資産減少を示す「貸方」を右側に記載し、例えば交通費でも〈日付・「借方　交通費○○円」「貸方　現金○○円」・電車賃〉と記録する。「交通費として○○円を使用した」（原因）ため、「現金が○○円減ってしまった」（結果）という2側面からお金の流れを記録するのだ。これにより「なくなってしまったお金」なのか、自動車や株券、宝石などの財産に形を変えたのかもわかる。

言葉で理解しようとすると難しく感じるかもしれない。だが今は多数のオンラインサービスがあるので、内容を理解しないままでも作成できる。

あまり誇れるやり方ではないが、私の確定申告のやり方を紹介しよう。

仕事関連の領収書が発生したら、「誰のために、何に使ったか」を領収書そのものにメモし、「交際費」「消耗品」「荷造運賃」などの項目ごとに封筒に入れておく。取材交通費はノートに移動区間と、誰に何の取材目的で会ったかを箇条書きで残し、横にパスモの交通履歴も貼っておく。そうして確定申告の時期になると丸2日間かけ、1年分をまとめて作成するのだ（本来、毎日もしくは毎月やらなければならない帳簿づけなので、今こうして文字にすると自分でもズボラだと思う）。

以前は電卓を使って項目ごとに合算し、決算書に入力するというアナログな手法で10万円控除のみの適用だったが、24年は「やよいの青色申告オンライン」を利用して確定申告をした。すると電卓を使う必要なく、自動計算で、しかも55万円の控除が適用されるのだ。「やよいの青色申告オンライン」は初年度は無料、次年度も1万円台で利用できた。こうしたオンラインサービスはほかにもある。

簡単に作成でき、これまでの10万円の控除と比べて、45万円も控除額に差がついた。もっと早くやれば良かったと思った。しかもその件を服部氏に話すと「なぜ65万円控除にしなかったの?」と尋ねられてしまった。55万円控除と、最大の65万円控除の差は「e‐Tax で確定申告を行うかどうか（もしくは電子帳簿保存）」である。

ただ単に、e‐Tax まではできない気がしてチャレンジしなかったのだが、ちゃんと65万円控除を適用すれば、さらに数万円の税金が安くなったはずである。来年度こそ挑戦したい。

(8) 職種別「国保」に入れないか

国民健康保険は2種類がある。ひとつは居住地の自治体で加入する国保(以下、「市町村国保」)。定年退職者はもちろん、フリーランスや非正規職員、リストラで職を失った人などそのほかの健康保険に入れないすべての人が加入できる、最終的な受け皿でもあり、国内で約2500万人が加入している。ここまでは主に市町村国保について述べてきた。

もうひとつの国保は、業種ごとに組織される国民健康保険組合(以下、「国保組合」)だ。例えば「食品」や「小売市場」「衣料(販売・加工業)」「理容」「土木建築」「医師」「薬剤師」「芸能人」「税理士」など約160組合がある。国保組合への加入者は約267万人だ。

私も現在、国保組合の中の「文芸美術国民健康保険組合(以下、文美国保)」に加入している。これによって3年前、市町村国保では年88万円の保険料だったのが、国保組合

（文美国保）では44万円にまで下がった。

国保組合は所得に影響されない「定額保険料」を設定しているところが多いため、所得が高くなるほど市町村国保より安くなる。市町村国保に加入している人は、自分の職業に該当する国保組合がないか、調べてほしい。一般社団法人全国国民健康保険組合協会のサイト上にある「一般業種国民健康保険組合へのリンク」のページが参考になるだろう（http://www.kokuhokyo.or.jp/page8-01.html）。

市町村国保と国保組合は各統計がまとめて行われていることが多く、個別の細かいデータが不明であるが、最新の調査で市町村国保は平均年齢が54歳、世帯主の職業は「無職」の割合が最も高く、全体の45％を占めていることがわかっている。一方で、国保組合の平均年齢は40歳。平均年齢が若いほど加入者1人あたりの医療費は安くなる傾向にあるので、保険給付費（自己負担額以外の費用）が抑えられ、それに伴い、保険料も市町村国保よりは抑えられるという面があるだろう。そもそも仕事をしていないと国保組合に加入できないのだから、健康な人が多いはずだ。

ただし難点は、国保組合にはそれぞれ独自のルールが設けられ、加入要件が厳しいこと。私が加入する文美国保は、「文芸美術および著作活動に従事している個人事業主」

■文美国保　2024年度保険料内訳

●本人のみの単身世帯なら➡
医療分19,900円＋後期高齢者支援分5,800円＋介護分（40歳以上）5,700円＝月額31,400円×12か月＝年間**37万6,800円**

●子どもがいると➡
医療分9,600円＋後期高齢者支援分5,800円＝月額15,400円×12か月＝年間**18万4,800円**が追加される

➡したがって私の娘と２人分の24年度の保険料は、
（筆者分）37万6,800円＋（娘分）18万4,800円＝**56万1600円。**
これでも高いが、市町村国保なら、これが筆者分だけで**77万円**になってしまうということだ。

を対象としている。加入するには書類提出を伴う審査があり、片手間で文美活動を行う人は対象ではないと聞いている。

同様に、他の業種でもそれぞれの基準がある。あくまで〝職種のための国保〟であるので、無職の人はもちろん、アルバイトで複数の職業を掛け持ちしている人は向かないかもしれない。

また文美国保に加入した3年前は、私と娘の２人で年44万円の保険料だったのだが、24年はなんと同条件で年56万円。この3年で「12万円もの保険料増額」である。文美国保は所得に影響されない「定額保険料」のため、市町村国保のように私の収入が増えたから保険料が上がったのではなく、単純に保険料が年々上昇しているのだ。

それでも市町村国保よりははるかに安い。

試しに私の前年所得（４９５万円）で居住地の国保に加入した場合をシミュレーションしてみると、市町村国保では単身世帯で年約77万円。文美国保で単身者だった場合は、年37万６８００円。４００万円台の所得で単身世帯の場合、市町村国保は文美国保に比べてなんと倍額以上の保険料である。

同時に、市町村国保でも国保組合（文美国保）でも、子どもがいると本当に高いと感じた。

（９）本腰すえた事業なら「法人化」を視野に

複数の事業をもつ人は、ある事業を「法人化」するという手もある。最近は、フリーランスなどの個人事業主が設立する「マイクロ法人」が流行っている。従業員や他の株主などが存在せず、個人事業主のための法人なのだ。税金や社会保険料の節減を目的にしていると聞き、興味がわいた。

税理士の服部修氏に尋ねると、たしかに「節税対策で個人事業主が法人化するケースはよくある」のだという。

「消費税は2年前の収入（売上）で決定することから、個人事業主として開業して2年間、そこから自分で法人を設立してもう2年間、合計4年間、消費税が免除されるケースがありました。今はインボイス制度が導入され、多少風向きが変わりましたが、それでも自分で課税事業者を選択しなければ、また売上によって法人化しても2年間は消費税免除が可能です。2つ以上の事業をもつ人は、そのうちのひとつを法人化するということもできます」

また法人化すれば国保ではなく、社会保険に加入できる。

「そして自分が設立した法人から、自分に支払われる役員報酬を低額にしておけば、健康保険料はかなり安くなるでしょう」（服部氏）

例えば東京都に会社を設立し、自身への報酬月額を10万4000円と設定した場合、健康保険料は事業主負担分を含めて月額1万2043円。同時に厚生年金にも加入しなければならず、厚生年金保険料は同額の報酬で月額1万9032円。国民年金が月額1万6980円なので、年金に関してはやや割高に感じたが、それでも健康保険料がかなり安く、魅力的に感じた。

しかし、ここではたと気づき、私は服部氏に質問した。

「例えば私のようにひとつの業種から月に50万円の収入を得ていたとして、それを法人化し、自身の報酬を10万円に設定したとします。けれども10万円では自分の生活費が足りなくて、あまっている40万円に手をつけてしまうのはマズイのでしょうか？」

服部氏は「それはマズイですね」と苦笑いしながら、こう話す。

「社会保険料が高いから10万円の報酬に設定するのでしょう。けれども、その月に50万円の収入（売上）があったのなら、残りの40万円は設立した法人にプールされていると考えられます。それなのに自ら使い込んでしまったら、広い意味で〝横領〟になりますね。もしくは税務上、『法人から個人に貸したもの』とみなされ、利息をつけて返済を求められることもあるでしょう。利益、つまりプールした40万円に対して法人税もかかってきます。自身が１人で会社を作るなら、現在の所得税、住民税、国保料を正確に把握し、法人にした場合の報酬（給料）や法人税を考慮しながら、社会保険料がどの程度安くなりそうか、総合的に考えましょう。税理士や社会保険労務士などの専門家が無料で相談にのってくれる窓口がたくさんあると思うので、法人化したほうがいいか悩む時は、個別にシミュレーションしたほうがいいと思います」

例えば私のように、収入（売上）から経費を引いた「所得１００％」でないと生活が

難しい時。法人の利益をゼロにし、役員報酬年間600万円（年収600万円）とした
ら、どうだろう。
ファイナンシャルプランナーの内藤眞弓氏が答えてくれた。
「2024年度標準報酬月額保険料額表によると、月額50万円（年600万円）の報酬
で事業主負担分も入れて健康保険料が月額5万7900円です。笹井さんが加入する文
美国保は月額4万6800円ですから、それよりも高い。けれども市町村国保の月額約
6万4000円よりは多少安いですね」
法人化して社会保険に入るメリットとしては、家族を扶養に入れられる、すなわち保
険料が1人前で済む。だから世帯で子どもが2人、3人と多くなるほど国保より保険料
負担が抑えられるはずだ。加えて健康診断などの給付サービスも国保よりは充実してい
るはず。
しかし、厚生年金は驚くほど高い。
「報酬50万円の場合、事業主負担を含み月額9万1500円です。会社員のように給料
を得ている方なら、事業主と労使折半のため、月収50万円の人でも厚生年金は半分の4
万5750円で済んでいるでしょう。事業主負担分まで自分の懐から出るとなると高く

感じますが、年金は掛け捨てではありません。厚生年金なら国民年金のみよりも将来の年金が増えるのですから、老後の蓄えと捉えるのも一案だと思います」（内藤氏）

社会保険料以外の点では、マイクロ法人を設立する際には設立費用（合同会社であれば7万5000円程度）や、決算報告書などを税理士に依頼するためのコストが一般的に月に数万円程度はかかる。必ず税理士に依頼しなければならないわけではないが、個人事業主の立場でいるよりもはるかに事務手続きが煩雑で、提出書類も多くなるため、個人で行うのは簡単ではない。バーチャルオフィスなどから住所を借りる場合は、利用料が少なくとも月に数千円は必要だろう。

そういったコストや手間は増えるものの、内藤氏は「今後その仕事にしっかり取り組んでいくなら、法人化するのはお勧め」という。

「自分の給料を自分で決めて、それに伴った社会保険料を事業主分も含めて払う。公私の区別がつき、仕事を続けていく覚悟も定まります」

個人か法人化か――個人的には、ひとつの業種を深く掘り下げるタイプは、個人事業主のまま国保組合などを利用しながら生きていくのが向いているように感じた。一方でアイデアが豊富で複数の事業をもつ活発な人なら、そのひとつを法人化して社会保険に加入し、手広くやっていくのもいい。

また、同じ職業でも2つに分けて一方を法人化することができる。例えば税理士業とコンサル業の2つの顔をもち、税理士業は個人事業主、コンサル業を法人化するのだ。そして個人事業主の税理士として、コンサル業を主とする自身の会社に外注する。売上(報酬)を多くしないコンサル業会社にすれば、社会保険料も安く済む。それなら個人事業主としてどれほど稼いでも、自分は社会保険に加入しているから問題ないのだ。やや裏技的ではあるが、このような形で経営する個人事業主も少なくない。

会社員も、勤務先が副業を禁止していなければ会社をもつことができる。ファイナンシャルプランナーの内藤氏が勧める、アルバイトやパートでギリギリ社会保険に加入するような働き方をしつつ、特技を法人化しても楽しい。今の時代ならYouTuberやコンサルティング、オンライン販売などであれば場所をあまり必要とせず、自分が携わる本業を活かして法人化できる分野ではないだろうか。支払いばかりでなく、新たに収入を得られる道はないか、いつも考えておきたい。

（10）自治体からの督促状を放置しないこと！

督促状の放置——実は私もやったことがあるので、あまり偉そうには言えないが放置しても良いことはない。面倒かつ恥ずかしい気持ちがあるが、保険料を支払えない時、払えない状態が続いて督促状をもらった時などはやはり自治体窓口で相談するのが一番。

筆者居住地の区役所・K職員も「私どもからもお願いしたい」と言う。

「申し訳ないのですが自治体の窓口まで足を運んでいただくなどし、現状と払えない事情についてお話しいただきたいのです。都内では原則的に生活保護認定基準の1000分の1210に相当する所得、そういった生活状況であれば国保料の減免が適用となります。またお話しをうかがう中で1000分の900とか800などという、さらに厳しい生活状況（生活保護認定基準以下）であれば自治体の職員から福祉事務所をご案内し、生活保護につなげることもあるでしょう。生活保護認定基準ほど所得が低くなくても、現在の状況をよく確認させていただき、今生活が厳しいのであれば少なめの金額の納付書をお渡しし、状況が良くなってから増やすということもできます」

所得や生活状況によって減免減額、分納、生活保護の認定、親族が加入する被用者保険の被扶養者になるなどの対応策がある。体調が悪いから病院に行きたいが、滞納が続いて保険証を取り上げられた、もしくは窓口で一部負担金を払えないというのであれば、無料低額診療所（第4章参照）で医療を受けることもできる。

太田哲二氏は「必ずケース・バイ・ケースの何らかの対応策がある」と断言する。「見栄や体裁、プライドや恥なんてことは考えないで相談に行ってください。喧嘩をしに行くのではありません。心配しないで、正直に、そして粘って相談してください」

滞納や督促状を放置しているとどうなるか。最終的には財産を差し押さえられてしまう。次章ではその実例をお伝えする。

第3章　本当にあった「差し押さえの事例」

国保料（国保税）に関しては法律上、国民健康保険法、地方自治法、地方税法、国税徴収法などが順次準用等されているが、最終的な適用条文の引用にとどめる。

国保料は負担が重いため、一度支払いにつまずくと、雪だるま式に滞納額が増えやすい。そして未納が続くと、通常の保険証から有効期間が短い「短期被保険者証」に切り替わる。さらに支払いが滞ると「資格証明書」が交付され、保険診療を受けられるものの窓口では10割負担になる。市町村国保の全世帯に占める滞納の割合は11・4％、短期被保険者証交付世帯は43・5万世帯、資格証明書交付世帯は9・2万世帯である（22年6月）。

ファイナンシャルプランナーの内藤眞弓氏は、「失業したり収入がダウンしたりしたら、とにかく行政窓口に行って相談を」と強調する。

「滞納をほうりっぱなしにしていると、最終的には財産を差し押さえられます」

その通りで、収入の多い少ないにかかわらず、それは突然やってくる。大阪社会保障推進協議会事務局長の寺内順子氏によると「コロナ禍前の傾向としては、各市町村は資格証明書の発行より、差し押さえに力を入れていた」という。滞納者は差し押さえられると怖くなり、何とかお金を工面しようとする。そのため資格証明書を発行するより、徴収率が上がりやすいからだろう。そして現在はコロナ禍前の状態に戻りつつあるようだ。

差し押さえの実例を知るとともに、違法やグレーゾーンの域を知ってほしい。親身に住民の相談にのってくれる自治体ばかりではなく、一方的に徴収しようとする地域もある。暗い話が続く章だ。けれども私は本章の取材執筆をする際、滞納や差し押さえ問題に奮闘する人たちの存在に励まされた。

そのような中、残念なお知らせだが、本章で最も核となる司法書士の仲道宗弘《なかみちむねひろ》氏が、24年3月にくも膜下出血のため、お亡くなりになったことをここに記したい。享年58。『東京新聞』に「生活困窮者の支援に力を尽くした司法書士仲道宗弘さんが死去」と報道されるほど、常に貧しい人への支援活動を続けていた。私が初めて仲道氏に取材したのは21年9月。以来、何度か取材にうかがった。仲道氏に取材したことをできる限り忠実に記したいと思う。第4章とともに、ここに書かれていることがいつかあなたや大切な人を守る知恵となるかもしれない。

給与だけでなく不動産の差し押さえ、タイヤロックも

近年、給与収入や年金、不動産や自動車を差し押さえられる例が多発している。

大阪社会保障推進協議会が厚生労働省提供のデータをもとに分析を進めると、差し押さえ率が高い自治体が明らかになった（図表10参照）。ワースト3は、佐賀県、群馬県、長崎県だ（2016年度の分析）。例えば佐賀県は県全体で9億2641万円の滞納額に対し、9億192万円の金額を差し押さえている。群馬県にいたっては滞納額が県全体で約38億8700万円に対し、60億1700万円も差し押さえている。なぜ滞納額を差し押さえ額が上回るのかといえば、不動産を差し押さえるからだ。

その差し押さえ率が高い群馬県前橋市で、過酷な差し押さえから市民を守ろうと奮闘

図表10　全国市町村・国民健康保険
差し押さえ率の高い自治体（2016年度）

	滞納額（円）	差押数	滞納世帯に対する差押率	差押金額（円）
1）佐賀県	926,416,790	5,106	53.7％	901,927,978
2）群馬県	3,887,144,723	15,739	37.0％	6,017,474,774
3）長崎県	2,242,667,813	7,722	31.0％	1,582,660,974
4）鹿児島県	2,494,837,858	8,473	27.6％	1,937,594,179
5）福島県	3,973,067,868	13,172	25.1％	4,876,088,123

※厚労省データをもとに大阪社会保障推進協議会が分析・作成

していたのが、故・仲道宗弘氏である。仲道氏は「例えば5、6万円の滞納額に対して、100万円の評価額がある不動産を差し押さえるケースなどがある」と話していた。

「国税徴収法48条により滞納額を大きく上回る財産を差し押さえてはならないのに、実際にはあれこれと理由をつけて不動産の差し押さえが横行しています。ほかにも仕事で使う車をタイヤロックするという『自動車の差し押さえ』もよくあります。タイヤロックをすると車に乗れません。ついこの間もタイヤロックされた人が、仕事で車を使えないと困るので親戚中に頭を下げて、お金をかき集めて納付していました。違法ではないのですが、行政の進め方が強引だと感じます」

20万円の国保料滞納があったとする。しかし1万円ずつ20回払いが許されず、5万円ずつを4回で、あるいは10万円ずつを2回でなどと言われ、それができないとなると一方的に差し押さえられる例を見てきた、と仲道氏は憤っていた。

「国保料は支払い終わり、延滞金の9万円のみが残って、2か月間連続で払わなかったらタイヤロックされたという人もいました。18年までは銀行口座に給与が振り込まれたその日に即座に全額差し押さえるというケースも。ただしこれは前橋地裁で『脱法的な差押処分として違法』という判決がなされました」（なお東京高裁18年12月19日）

本来、国保料滞納による差し押さえは「生活保護相当の生活費」は残しておかなければならない。にもかかわらず、違法行為の差し押さえが近年も頻発しているのだという。

生命保険の強制解約の後、40代女性死亡

前橋市で働く、ある40代のシングルマザーは生活が苦しく、国保料を納めていない時期があり、延滞金を含めて50万円程度の滞納があった。昼も夜も働き詰めの中、約12万円の給料が振り込まれた時、市から銀行預金を差し押さえられ、強制的に10万円を徴収された。女性は友人に借金をして日々をしのいだそうだが、その後、生命保険を強制解

約させられて解約返戻金を市に徴収されたという。

「この女性は6年前にがんのため、亡くなりました」と、仲道氏。彼は怒りに燃える目をしてこう話した。

「彼女は毎月2万円ずつ滞納分を支払っていたのです。しかしそれを4万円にしなければ生命保険を解約する、と市に脅されました。これは違法ではありません。市税を滞納している市民が生命保険に加入しており、解約返戻金がある場合には、契約者の意思によらずに生命保険契約を一方的に解約することができます（最高裁1999年9月9日判決）。しかし、生命保険の契約内容が資金運用や蓄財の場合と、生活保障を主目的にする場合とで区別せず、解約返戻金があるという理由だけで強制解約に及ぶことはあまりに乱暴ではないでしょうか」

前橋市は国保料を含め市税滞納による財産差し押さえ件数は2004年に896件だったものの、5年後の09年には8992件。当時前橋市は人口約34万人だが、隣の高崎市では人口37万人以上であるにもかかわらず差し押さえ件数はその半数もない。全国規模でみても前橋市の差し押さえ件数は多かった。

「県内の他の市では、私が滞納者との間に入って自治体と話し合うと『それなら1万円ずつでも入れてください』ですとか、多重債務によって自己破産の手続きを進める人なら『手続きが終わったら教えてください』と言われる。しかし前橋市の場合は何を言っても『私どもは毎月〇万円ずつ必ず納めてもらいます。そうでなければ給与を全額差し押さえます』という姿勢です。私は依頼があれば滞納者の財産調査をして、消費者金融に借金をしている人なら払いすぎたお金がないかなどの確認をします。ですから『調査をする数か月間待てませんか』とお願いするのですが、『待てない』の一点張りなのです」（仲道氏）

強硬に納税を迫られるだけでなく、給与や売掛金、さらには銀行預金といった財産を突然差し押さえられて生活困窮に陥る人々がいるという。

生存権を脅かす違法な差し押さえの数々

仲道氏がこれまで関わった中から、給与が銀行口座に振り込まれたその日に全額市に差し押さえられた例や、振り込まれた児童扶養手当を差し押さえられたシングルマザーの事例も聞いた。

それらは違法行為ではないのだろうか。

「税の納期限経過後、50日以内に督促状を発送し、原則として督促状発送日から10日以内に完納されない場合には、滞納処分として差し押さえが可能になります。しかも差し押さえの前提として、滞納者の財産に対する調査権が認められており、任意調査のみならず、一定の場合には強制調査（捜索）も許されるのです」（仲道氏）

自治体は滞納する住民に対し、その所有する不動産や自動車の資産価値、銀行預金口座の有無や残高、いつが給料日なのか、生命保険に加入しているのか、勤務先および給与の手取りの金額、年金や児童扶養手当などの給付金の受給有無および金額など、財産に関する事項を調査することが法で許されている。簡単にこれらの情報を取得することができるのだ。

「けれども日本国憲法で生存権（憲法25条）が認められている趣旨から、税金を滞納していたとしても、滞納者の最低限度の生活が脅かされかねない各種の財産については、差し押さえが禁止されます（国税徴収法75条～78条）。前述したように給与については全額これを差し押さえることは許されませんし、年金も同様です。児童手当や児童扶養手当、生活保護費などの公的な給付についても、特別法（児童手当法第15条、児童扶養手当

法第24条、生活保護法第58条など）においてその受給権の差し押さえが禁じられていま す」（同）

つまり先の事例はともに「違法な差し押さえ」である。

また差し押さえを増やしたところで本当に税収が上がるのだろうか？　一時的には効果があるだろうが、払いたくても払えない人がほとんどである以上、限界があるだろう。

仲道氏もうなずき、こう述べていた。

「どんな差し押さえもエスカレートさせればいずれは違法行為になります。また市民が自分から払う気持ちがなくなるでしょう。行政の中には徴収する場面で、〝税負担の公平性を保つため〟という名目で、ほんの数円、数十円しかない口座であっても差し押さえる。そんなことをしても手間がかかるだけです。だけどそれをすることが公平だという発想があるのですね。ある種、公務員は〝公平〟という言葉の病だと思います。金があろうとなかろうと期限までに必ず納めろという。生活に困っている人にそれを貫けば、人を追い詰めますよ。死んでもおかしくありません。行政は、なぜ滞納が生じているのかを調べるべきでしょう。そのために調査権があるのです。滞納者の相談にのり、使える制度を案内し、そこで浮いたお金を国保料にまわすような努力が、多くの自治体には足りません」

一定の要件があるが、家賃に困った時は住居確保給付金がある。会社が倒産してしまったら、ハローワークで手続きをすれば給与の5〜8割が給付されるし、職探しもできる。ひとり親家庭であれば、看護師などの資格取得の際に、給付金や貸付金を国や都道府県が行っている。サラ金や銀行に借金があるのなら、弁護士を紹介して債務整理を行わせればいい。実際にそういった取り組みを行っている自治体もある。

イザという時の助け「滞納相談センター」の活動停止

国保料を滞納してしまった際「行政の窓口に相談」して解決できれば一番いいのだが、これまで述べたように分納額を一方的に決められたり、分納していても差し押さえられたりなど、強硬姿勢の自治体もある。そこでこれまでは地方自治体の税金や国保料の滞納に対して、数十人の税理士が無償で相談に応じる有志の団体「滞納相談センター」が活躍してきた。しかし、滞納相談センターは、24年6月、9年間続けてきた活動を停止してしまった。私はたびたび取材にうかがっていたが、日本全国の追い詰められた納税者たちからの電話が鳴り止まず、事例は複雑で、無償で対応するには労力がかかりすぎたのだと思う。

代表を務めていた税理士の角谷啓一《かどやけいいち》氏は「今すぐ助けてほしいという緊急性の高い相談が多かった」と振り返る。いくつかの事例を語ってもらった。

「コロナ禍では建設業を営む50代後半の男性の相談がありました。元請け先の企業の経営状態が厳しくなり、仕事が減って月の所得が10万円にも満たない。奥さんがパートで月７、８万円の収入を得ていますが、食べていくのが厳しい状態。男性は建設業に加えてアルバイトをしているのですが、そのアルバイトの給料である５万円をすべて市に差し押さえられてしまった。これは違法性が高い差し押さえですが、国保料の支払いにあてられたから、とのご本人の意向で苦情申し立てのみにとどめました」

この50代男性は、10年前から国保料を含めた税金を滞納しており、その額、２００万円にのぼる。延滞金も２００万円近くに達し、総額約４００万円。延滞金の利率は年々下がっているものの、今は年８・７％（納期限の翌日から2か月を経過した日の翌日以降・事例によって一部免除あり）。しかし約10年前は14・６％だったため、男性は当時の延滞金もかさんでいるのだろう。

「男性一家の滞納は、一番上のお子さんが大学生になる頃から始まっています。子どもが4人もいるため、それぞれの均等割が加算され、当時の国保料が月額6万8000円。一番生活費がかかる時に最も国保料が高くなるんです。納められるわけがありません。現在も、事業の収支、一家の生活費を計算して、食費を1日700円まで切り詰めても、納付可能額はゼロなんです。役所は『納めろ』しか言いませんが、それぞれの実情をまずは把握してほしいと思います」(角谷氏)

勤務先への通告、留守宅への踏み込み

コロナ禍では仕事が減って収入が少なくなり、支払いが厳しくなった人も多いが、徴収に容赦がなかった。

関東で運転業務に従事する40代夫とその妻、子ども3人の5人暮らしの世帯では、国保料と県民税を合わせた滞納額が80万円に及んで行き詰まっていた。夫が友人と事業を始めたもののうまくいかず、現在の会社に勤めるまでの間に膨らんだ滞納だという。しかし妻が専門職であることもあり、2人で働いて毎月2万円ずつの分納を約束し、実際

に欠かさず支払っていた。が、行政は「もっと月々の分納額を増やせ」と迫った。

「男性はコロナで残業ができなくなり、収入が減少した上に、子育てにお金がかかって、厳しい家計でした。それでも自治体の求めに応じて月々の分納額を1万円増やして3万円にしたのです」と角谷氏が説明する。

「それなのに、役所は男性の勤め先に『給与等の調査』の照会文書を出しました。これにより勤め先に滞納の事実があり、差し押さえの準備をされていることが知られてしまった。もちろん滞納をしている人が財産調査されるのは法的に認められていることですが、男性は約束を守って月々分納し、かつその額も増やしているのにひどい対応ではないでしょうか」

この男性の場合は、勤務先が理解のある会社だったため勤務に支障はなかったが、差し押さえが解雇要件のひとつである会社も少なくないのだ。また角谷氏の交渉により、引き続き3万円の分納が認められた。しかし男性は、「税理士が同席する場合と、自分1人の場合とでは役所側の態度や対応が違う」と嘆いたという。

22年には神奈川県在住の角谷氏のもとに、はるか遠い九州に住む40代男性から「国保料の滞納によって行政から差し押さえ処分を受け、困っている」という連絡があった。

その40代男性はカメラマンだった。妻と離婚し、社会人の20代長男と、高校生の次男と3人暮らし。滞納額は22万円。

「普通に勤めていれば払えない額ではありませんが、彼は病気がちでほとんど働けず、一家の主な収入は長男の年間200万円未満の給料のみ。男性の銀行口座の残高は11円だったそうで徴収ができない。そのような状況下で、行政は男性の家を捜索し、差し押さえ処分を実行したのです。しかもそれは男性が留守の時に行われました」（角谷氏）

子どもたちのフィギュア、ゲーム機、釣竿のほか、男性が仕事で使っていたカメラまで〝財産〟として差し押さえられた。

「留守宅に踏み込むことにも驚きますが、カメラの差し押さえは、法律上問題がありま す」と角谷氏は憤る。

「滞納者の業務において欠かせない道具、器具は『差押禁止財産』とされています。例えば大工さんなどの職人にとってのカンナ、のこぎりなどがこれに当てはまりますね。そもそも男性には〝滞納処分を執行することができる〟財産がないわけですから、国税徴収法153条に基づく『滞納処分の停止』が相当と考えます」

そう言って角谷氏はため息をつく。自らが税務署の職員として徴収を行っていた際は、

「これ以上は行きすぎではないか」という一線があった。しかし、今はそうした歯止めがないのではないか。税務署に40年勤め、税の仕組みに精通している角谷氏が「国保制度そのものに無理を感じる」とも言うのだった。

配偶者との死別、離婚を機に滞納に陥る

かつて滞納相談センターの相談員だった師岡徹《もろおかとおる》氏（師岡徹税理士事務所）も、自身が関わった2つの差し押さえの事例を紹介してくれた。

夫を亡くし、3人の子どもを抱えながら働く女性がいた。九州に住むその女性は現在は会社員として勤務しているものの、亡き夫の市民税や、死別後の自身の国保料、固定資産税の未納分が30万円、延滞金も発生していた。女性が「月々1万円であれば納付が可能」と主張しても、行政は聞く耳をもたず、女性の18万円の給料を全額差し押さえた。

「私から行政に全額差し押さえは違法であること、また納税についても『家計の状況を鑑みることができないのか』と言っても、『できない』の一点張りで。これまでの裁判の事例や国税徴収法の話をまじえて交渉し、請願書などを作成して、結果として月々市

民税3000円、国保料3000円の支払いで落ち着きました」（師岡氏）

もうひとつのケースは、市民税24万円、国保料90万円を滞納している千葉県在住の女性。数年前に離婚し、その過程で滞納が膨らんでいったという。

女性は行政と毎月3万円の分納を約束したものの、途中で支払えなくなり、やがて「生命保険の差し押さえ通知」が……。女性はそれだけは勘弁してほしいと、師岡氏のもとに駆け込んだのだった。

「彼女は毎月手取り28万円程度を得ていたものの、日給制の仕事なんですね。何かで休めば、翌月の給料が減ってしまう。給与や支出の状況を明らかにし、確実に支払い可能であるのは月々1万円ということを丁寧に説明して、やっと合意できました。2つの事例から、一度レールから外れてしまうと社会復帰が遠のくという、日本のシステムの脆弱性を感じました。多くの人が『自己責任』という言葉に追い詰められ、支払い能力を超えた返済額を約束してしまうのです」（同）

たしかに特に女性は、配偶者との死別や離婚を機に国保料を含めた税の滞納に陥りやすいのかもしれない。

経済的困窮、受診遅れによる死亡も……

近年、経済的困窮により医療を受けられない人も増えている。全日本民主医療機関連合会（民医連）が「２０２３年経済的事由による手遅れ　死亡事例調査概要報告」を発表した。全日本民医連加盟事業者の患者、利用者のうち、

（１）国保税（料）、その他保険料滞納などにより、無保険もしくは資格証明書、短期保険証発行により病状が悪化し死亡に至ったと考えられる事例
（２）正規保険証を保持しながらも、経済的事由により受診が遅れ死亡に至ったと考えられる事例

を調査している。

つまり（２）は、保険証はあるのに、窓口で支払う一部負担金が支払えないということだ。

報告書にある一部を紹介する。

〈40代女性。母・兄と3人暮らし。母は認知機能の低下が顕著。本人が日常生活を介助。兄は精神疾患があり、身の回りのことはできるが母の介護は難しい。本人は非正規雇用で物流関係の仕事をしていた。母の介護相談時に地域包括の職員が同席した娘の体調が見るからに不良と判断し、本人は経済的困窮により拒否したものの無料低額診療事業を紹介。検査の結果、子宮筋腫、肝硬変、大動脈弁二尖弁など。他院を紹介されたが、本人は経済的理由で拒んだ。説得。その後生活保護申請にも行くことができ、今後の受診を考えていた矢先に心肺停止。救急搬送され死亡〉

そのほか80代男性で生活保護基準の140％の年金収入があったものの、いくらかかるかわからないという医療費への不安があり受診控えでがんにより死亡したケースや、保険料が払えず無保険になった例もあった。

民医連事務局次長の山本淑子《よしこ》氏は「厚労省は『無保険はありません』と言いますが、手元に保険証がなく、資格証明書発行ですと窓口で10割負担ですから無保険状態と同じ」と指摘する。

「保険料を払っていなくて保険証をもっていないから自分は医療を受ける権利がないと

我慢する。国保料そのものが高すぎて負担が重すぎて払えないのに、払わないいんだからいけないいんだという自己責任の風潮ですよね。だから手遅れを生んでしまう。また特にコロナ禍では会社勤めを辞めざるをえなくなって、国保にうまく移行できずに保険がない状態という人も一時期増えました」

たしかに私もコロナ禍での救急医療現場を密着取材していた際、所持金が8円で公的医療保険に加入していない40代男性を見かけた。お金がない、住むところがない、死にたいが死ねないと、その男性は救急車を呼んだのだ。決して許される行為ではないが、八方塞がりの状況に胸が痛くなった。

山本氏も医療現場で働くベテランのソーシャルワーカーに尋ねると、「どうしてこんなになるまで放っておいたの？」という人が少なくないという。

「経済的に困窮した結果、受診控えで病気が悪化しているというケースが目立ちます。私が毎年この調査をしていてつらいのは、爪に火をともすような生活のなか保険料を払って、保険証があるのに、窓口での負担が払えなくて我慢して重症化したり、死亡した事例を知る時です。なんのための保険証なんだろう。保険証があれば安心して、そして負担なく、医療にかかれるようにならないといけません」

なぜ窓口で医療費の3割を負担するのか

寺内氏は「子どもの貧困を作り出す原因のひとつに国保料がある」と強調する。

「00年に介護保険制度がスタートして、保険料がとても高くなってから滞納処分が強化され、差し押さえの件数が格段に多くなりました。そして高い保険料を払って健康保険証があっても、窓口負担はゼロではなく、一般的には3割負担。手元にお金がなければ病院を受診できない。二重取りみたいなこんなおかしな制度がありますか。保険料をとるなら、窓口での支払いは無料にするべきです。保険原理からいっても、例えば事故が起きたら給付をもらう。病気が起きても給付でしょう。つまり本来無料で医療を受けられるべきなんです。だから日本の国保はおかしいんですよ」

やや話が横道にそれるが、なぜ窓口で医療費の一部を負担しなければならないのだろうか。立正大学社会福祉学部の芝田英昭教授が解説する。

「実は長瀬《ながせ》恒蔵《こうぞう》氏が1935年に刊行した医療費分析の古典『傷病統計論』を根拠としているのです。長瀬氏は当時、さまざまなレセプト（診療報酬明細書）を分析し、『医療費の患者負担割合』と『受診率』を統計学で表しました。医療費の負担ゼロであれば全員が受診する。1割負担だと0・8の受診率ですから、2割減る。3割の負担にすると、0・5の受診率になるから半分は行かない。4割負担では半分以上の人が受診できなくなるから、3割にしようという結論です」

山本氏、寺内氏と同様に、芝田教授も「それはおかしい」と述べる。

「病気かもしれないと思ったら、受診できるようにしておくことが大事。疾病というのは早期発見、早期治療のほうが安くつくんです。もちろん負担ゼロ、無料にすれば、最初は軽い段階で受診する人が増えますから医療費は上がるかもしれません。けれども長期的に見ると、皆が早期の段階で病を発見し、短期間で治して健康になるわけですから、全体的な医療費は下がると思います」

私も長年救急医療を取材してきたが、現場の救急医が「軽い段階での受診」を勧めているのを耳にしてきた。「軽症者ばかりが救急医療を受診する」と報道され、救急車の有料化も議論されるが、〝軽症かどうか〟は医師の診察と検査を経なければわからない。「腰が痛い」と受診し、のちに大動脈瘤破裂で死亡した例、飲みすぎた翌日に「おなかが重苦しくて気持ちが悪い」と述べた患者が急性心筋梗塞だった――という例は、実際の救急現場で起きたことだ。「軽症」という顔をして「重症のケース」は山ほどある。

全国の救命救急センターの医師たちは、タクシーがわりに救急車を利用している患者は、ごく限られた人だけだと口をそろえ、「自分がつらい、救急車が必要だ、と思った時は救急車を呼んでいい。それが結果的に軽症であっても」と話していた。

救急でなく、通常の病院受診であれば尚更《なおさら》「何かおかしい」と感じた時に病院を受診できる体制であることが大切だ。それが医療費を下げ、最終的には保険料を下げると私も思う。けれども現状では保険料を支払えず保険証をもっていなかったり、窓口でいくら支払うのかが不安で受診できなかったりする人たちがいる。そのために重症になって治療費が高くなったり、手遅れになったりしてしまうのだから悪循環としか言いようがない。

筆者のもとにも……差し押さえの通知が

差し押さえの話に戻ると、実は私の携帯にも「このまま国民健康保険料の未納が続くと、あなたの財産を差し押さえます」というショートメールが届いたことがある。20

21年11月のことだ。その数日前に郵便でも「今すぐ納付してください」と大きく書かれた督促状を受け取った。その紙には指定期限までに納付しないと、〈財産調査が行われ、予告なく差押が執行される〉と記されている。

たしかにこの時の私は、29万円の国保料を滞納していた。これは市町村国保料の4か月分である。

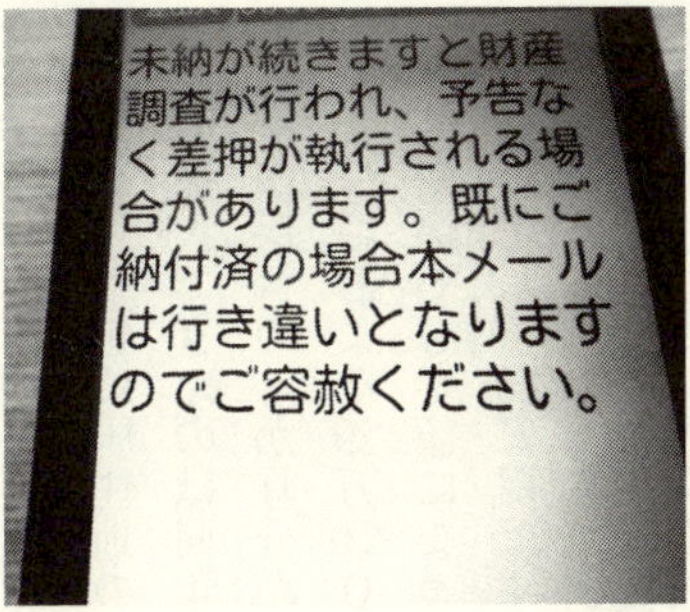
未納が続きますと財産
調査が行われ、予告な
く差押が執行される場
合があります。既にご
納付済の場合本メール
は行き違いとなります
のでご容赦ください。

第1章や第2章で記した通り、年間88万円の国保料と通知書に驚き、いろいろ調べた結果、市町村国保ではなく業種ごとに組織される国保組合に加入した。私の場合は「文芸美術国民健康保険組合（以下、文美国保）」になるが、ここに加入するのには組合の加盟団体の会員になる必要があり、日本文藝家協会に入会しなければならなかった。日本文藝家協会に入会するには、著書を出版しているほか、理事や正会員の推薦を受け、理事会の承認が必要だ。入会すると決めてから1か月ほどかかった。さらに文美国保にも作品コピーなどのさまざまな提出書類があり、こちらも手続きに時間がかかった。

21年6月下旬に居住地の自治体から88万円の国保料決定通知書を受け取り、私が文美国保に加入できたのは同年8月だった。そのため、21年4月から7月まで加入していた市町村国保料の4か月分が残った。年88万円÷12か月＝1か月約7万3000円なので、4か月分でおよそ29万3000円が残ったわけである。

文美国保でも半額になったとはいえ、当時年44万円、月にして約3万6000円の国保料が発生し、29万円はすぐに払える状況でない。だから放置していた。するとしばらくして督促状を受け取ってしまったのだ。自分が悪いのだが、ため息が出た。ちなみにこの市町村国保に加入していた4か月間、私も子どもも1度も医療機関を受診していない。受診していないのに29万円は高すぎないだろうか。

しかし差し押さえはやはり怖かった。だから渋々区役所に連絡をし、その29万円を24回に分けて納付することになった。担当の職員から、

「毎月、納付書を送りますので、必ず月末までに納めてください。もしこちらも滞納が続くと、分納が取り消されたり差し押さえになりますからね」と言われ、低姿勢で了承するしかなかった。

後日区から分納誓約書が送られてきた。そこにも〈分納計画は確実に履行してください。履行しない場合には承認を取り消し、ただちに滞納処分をすることになります。なお、分納履行中であっても私有財産の差押（公売）が執行され、あるいは延滞金が発生する場合があります〉とある。

21年12月から23年11月までの月額1万2300円の納付。仕方ないと腹をくくった。分納誓約書にサインし、区役所に返送する。そして私はこの後の2年間、1度も遅れることなく毎月1万2300円を支払い続け、2年後に完納した。この間、加入中の文美国保と合わせて毎月約5万円の国保料だった。

肩の荷がおりたのも束《つか》の間《ま》、延滞金の請求を受けた。居住地の区によると「納期限の翌日から3か月を経過する日の翌日以降から延滞金が8・9％発生します」とのこと。本書を執筆している最中に、延滞金の残り2万5000円を支払い、完済した。

こうして自分が払ったのだから他の国保加入者に対して、1円たりとも未納を許せないとはとても言えない。多くの人が「自己責任」という言葉に追い詰められていることを取材で知ったからだ。

もちろん国保料を含めた行政へ納めるお金は、憲法30条に規定されている通り、日本国民として支払う義務がある。滞納者はそれをわかっているからこそ、差し押さえをされて生活できなくなっても、声を上げない。自分は医療を受ける資格がない、とひたすら我慢の生活を送るのだ。

リストラや給与の引き下げ、事業の縮小や廃止などの憂き目は誰にでも起こり得る。そして国保に加入すれば、どの地域であっても今後、高い保険料と厳しい取り立てに直面する可能性がある。もしあなたの身近な人がそのような事態に陥っても、「それは本人の責任」と言えるだろうか。明日は我が身でもある。次章ではより具体的な「防衛術」を紹介しよう。

第4章　本書でしか読めない防衛術8

第3章では実例の中で違法な差し押さえを紹介したが、本章ではわかりやすく項目立ててそれらを挙げる。そしてもし滞納に悩んだり、違法な差し押さえに遭ったり、経済的に困窮して医療が受けられない状態に陥った時に「打てる策」もお伝えしよう。生涯頭に置いてほしい防衛術である。

また本章後半のコラムでは国保料は下げられないものの、支払った国保料によって所得税や住民税を安くする控除や、特別に利益が多くなった年に減税できる方法も紹介する。

まず大前提の話から。第2章の「（2）『軽減』『減免』の申し出を」で太田哲二氏が「さかのぼって減額もあり得る」と述べた。その場合「保険料なら2年、保険税の場合は5年」との話であった。これはそれぞれの時効期間であり、保険料の減額ではなく、「滞納」や「延滞金」の場合にもあてはまる。国保料として徴収する地域では2年間、国保税として徴収する地域では5年間、保険料を滞納していれば延滞金が発生し、督促状の送付や差し押さえが執行されるおそれがあることを忘れずに。

(1) 給与全額や、特定の公的給付の差し押さえは違法

給与や公的給付といった一定の財産については、滞納者およびこれと生計を共にする者の生活に欠かすことのできない財産として、その全額の差し押さえが禁止されている(国税徴収法第75条〜78条)。1か月ごとに10万円と滞納者と生計を一にする配偶者、そのほかの親族がある時は1人につき4万5000円を加算した額は差し押さえることができない(国税徴収法76条1項4号、国税徴収法施行令34条)。つまり夫、妻、子で暮らしていて、夫に滞納があった場合、19万円(夫10万円、妻4万5000円、子ども4万5000円)は生活最低額(生活保護相当費)として差し押さえ禁止額とされる。

「しかし実態は滞納者の給与が銀行に振り込まれたら、自治体が即日差し押さえるとい

うケースが後をたちませんでした」

と、大阪社会保障推進協議会事務局長の寺内順子氏は言う。

そのような中で2018年、前橋地方裁判所は、前橋市が市県民税および国保税を滞納した市民に対し、勤務先が給与を銀行口座に振り込んだその日に即日差し押さえた事例に対し、「脱法的な差押処分として違法」と判断した。ややこしいのだが、法律上、預金口座の全額差し押さえは禁止されていない。しかし、給与が振り込まれる直前の残高が0円であり、実質的に給与全額を差し押さえたものとして違法と判断したのだ。

19年も同様に、給与を全額差し押さえたという事例に対し、大阪高等裁判所が「違法」と判断した。滞納者の口座には、2月12日の時点で利息1円の入金のみで、2月15日にA社から給与19万4879円の入金があった。その後、携帯電話料金の引き落としや預金の引き出しなどで給与振り込みの2日後には預金が10万308円。ここで税務署がこの預金口座にある10万308円のすべてを差し押さえたのである。

寺内氏は「法律で決まっているものの守られず、なかなか裁判で訴える人がいなかったので、これらの判決がでたことは大きかった」と話す。

「児童手当や生活保護費などが差し押さえられても、多くの人が『払っていない自分が悪い』と諦めてしまうのです。けれどもちゃんと自治体に出向いて、これは『違法行為だ』と交渉してください。そうすれば基本、差し押さえは解除されるはずです」

恥ずかしがる必要はない。最低限度の生活を維持する上で欠かせない財産なのだから、きちんと対処したい。

(2) 業務において欠かせない道具は「差押禁止財産」

第3章で、カメラマンの男性がカメラを差し押さえられ、税理士の角谷氏が「法律上問題がある」と指摘した。業務に欠かせない道具や器具は差押禁止財産だ。例えば農業従事者にとっての農具、肥料、家畜、飼料や、漁業従事者にとっての漁網や漁具、えさや稚魚などである。

ほかにも生活に不可欠な衣服、寝具、家具、台所用具や、生活に必要な印鑑、思い入れがあり売値がつかないと判断されるもの（日記など）、仏像や位牌《いはい》、礼拝に必要な物など信仰対象も差押禁止財産に含まれる。

（3）「納税緩和制度」がある

法律上は「納税の猶予（徴収猶予）」「換価の猶予」「滞納処分の停止」という3つの「納税緩和制度」がある。これは「オマケする」という意味ではなく、法律に該当する場合は分納が認められたり、延滞金の免除ができるということだ。ただ国保料徴収場面では事実上機能していない。まずは私たちが内容を知ることが重要だ。

【納税の猶予（徴収猶予）】（地方税法15条から同法15条の4、国民健康保険法77条）

（自治体の長は）震災や風水害、落雷、火災、盗難、家族の病気や負傷、事業の廃止または休止、事業の著しい損失、これらに類する事実などがあった場合に納税者の申請で納税を猶予することができる

【換価の猶予】（地方税法15条の5から同法15条の6の3）

（自治体の長は）滞納者の財産の換価を直ちにすることにより事業の継続、生活の維持を困難にするおそれがある場合など、滞納処分による財産の換価を猶予できる

【滞納処分の停止】（地方税法15条の7）
（自治体の長は）滞納者につき次の各号のいずれかに該当する事実があると認める時は、滞納処分の執行を停止することができる
（1）滞納処分を執行することができる財産がないとき
（2）滞納処分を執行することによってその生活を著しく窮迫させるおそれがあるとき
（3）その所在及び滞納処分をすることができる財産がともに不明であるとき

※以上すべて概要

「徴収猶予」は、一定期間の徴収（支払い）を猶予するというもの。「徴収猶予」が認

められると、国保税の場合、１年以内（最長２年）の分納が認められる場合があり（国保料の場合、その期間は各自治体が条例で定める）、また、猶予を受けた期間の延滞金も減免できる場合があるのだ（地方税法15条の９）。

２つ目の「換価の猶予」については、筆者居住地の区役所・Ｋ職員がこう説明する。

「換価とは、差し押さえた財産を金銭に換えることですが、それを行うことで生活困窮のおそれがあったり、事業継続ができない場合であって、かつ誠実な納付の意思を示された時は、申請により猶予を受けられる場合があります」

換価の猶予が認められれば分納が認められるほか差し押さえの解除や延滞金の一部免除がされる場合がある。

３つ目の「滞納処分の停止」とは、滞納処分によって滞納者の生活を著しく窮迫させるおそれがある場合は差し押さえ等の処分を停止し、自治体の判断によって納税義務を消滅させる制度である。市民運動が盛んな大阪府では「生活保護世帯は、ほぼ滞納処分の停止がされています」（寺内氏）という。しかし、全国ではむしろ生活保護が決定した途端、「お金が入るのなら、滞納分を払え」と取り立てる自治体もある。生活困窮の具体的な基準がないため、各市町村の判断によるのだ。

「例えば高槻《たかつき》市では生活保護の151世帯しか生活困窮と認めていませんが、富田林《とんだばやし》市では生活保護は628世帯であるものの、2444世帯も滞納処分停止を認めています。つまり生活保護以外も、生活が厳しい世帯には滞納処分を停止しているということです。差し押さえをするとなると、事務作業や人手がかかり、それでいて大した保険料収入は期待できません。要は『許すな、滞納』という姿勢でなく『生活困窮なら当然払えないよね』という考え方なのです」（寺内氏）

あなたや周囲の人が本当に生活保護世帯に匹敵するほど困窮しているなら、何とか自治体に滞納処分の停止を認めてもらうしかない。

（4）延滞金の免除は可能か

前出のK職員にズバリ「（分納期間中の）延滞金の免除」について尋ねてみると、次のような返答であった。

「延滞金は納付期限までに保険料を支払うことができなかった場合、納付されるまでの間の期間に応じてかかるものです。このため、納付期限がすぎた保険料を分割で約束通り支払われたとしても、完納されるまでの間に延滞金がかかってきますし、約束通り完納いただいても延滞金は免除されません」

そんなぁ……と、思う。私の場合、４か月間の市町村国保への加入で30万円分も請求され、それを24回払いで分納し、２年間１度も遅れずに完納した。この上、まだその２年間遅れた分の延滞金を支払えというのか。結局私は渋々支払ったが、私のように分納、延滞金、現在の国保料と三重苦の人に何か打つ手はないのだろうか。

「払い方によりますね」と太田哲二氏がアドバイスする。

「いや、ほんとは払わなければダメなんですが（笑）、方法としては保険料を分納して支払う時に『本体の保険料にあててください』とお願いするのです。延滞金も『まけろ』なんて言ってはダメですよ。『あとで払いますから』とあくまで低姿勢で言って、とにかく先に保険料のほうを完納しましょう」

延滞金だけ残った場合、そこに延滞金はかからない。「固定資産税や住民税の延滞金は厳しいですが、国保料はだいたいチャラ（無し）にしてくれますよ」と太田氏がにっこり。必ずうまくいくという保証はできないが、ともかく本体の保険料を先に支払うこと。督促状は保険料と延滞金がまとめてくることが多いので、きちんと確認してほしい。

(5) 分納は3回までしか認められない?

今年実際にあった話だ。

コロナ直後の業績低迷の中で、ある個人事業主が国保料を数十万円滞納した。その人は市役所の窓口に相談に出向き、「5回以上の分納」を求めたところ、「当市役所には『3回基準』があり、4回以上は行っておりません」と拒絶されたそうだ。やむなく3回分納の誓約書に署名・捺印をしたという。

ところが無理な分納を行った結果、資金繰りが狂ってしまい、持続的な分納ができなくなった。財産調査が強行され、100万円の事業資金が差し押さえられてしまった。

ここで改めて、滞納した個人事業主は「3回基準は法律なのか?」とただしたところ、自治体職員は平然と「内規です」と答えたという。税理士の角谷氏から聞き、思わず笑ってしまった。実際は分納について「何回まで」という制限はない。

ただし、(3)の納税緩和制度では徴収猶予も、換価の猶予も最長2年までなので、延滞金の減額なども踏まえると2年以内が望ましい。分納の回数を相談する時に「この回数で」と自分から指定するよりも、「毎月の収入は〇円、生活費としてこれだけかかり、納付できる金額が〇円です」というような説明ができると主張が通りやすいだろう。

（6）窓口で支払う医療費の減免

病院受診時の窓口負担（一部負担金）が支払えない場合は、減額・免除制度がある。国保法第44条に、医療費の窓口一部負担金における減免制度が記されているのだ。その対象は各市町村が定めるものとなっているが、（1）災害による世帯主の死亡や資産の損害、（2）干ばつによる農作物の不作、不漁による収入減、（3）事業の休廃止、失業や所得の減少した者（収入が元々少ない人への適用には、別途厳しい基準がある）の3つがよくみられる。

「ですが制度としてはあるものの、第44条はコロナ禍であってもほとんど適用されない実態がありました」

と、民医連事務局次長の山本淑子氏が説明する。

「健康保険証があって症状があるのに受診控えをする原因は、窓口で支払う一部負担金があるからです。ですから経済的に困窮する人に44条を適用すれば、医療にアクセスしやすくなることは間違いありません。でも、そのための申請書類も多く、ソーシャルワーカーが励まして一緒に取り組まないとできないような煩雑さがあるのです」

実は国保法第44条による医療費窓口負担金の減免、第77条による保険料の減免の適用対象は条例により「特別の理由」を定めることになっている。その特別の理由に、ほとんどの市町村は「恒常的な生活困窮者」を含めていないという。この件を含めて民医連が厚生労働省と質疑応答を行ったところ、厚生労働省からの回答は〈一部負担金の減免は各保険者の判断で実施することになっている〉〈恒常的低所得者の方を一部負担金免除の対象にすることは何かに違反するものではない〉などといったものであった。

収入が生活保護基準以下の人の場合、入院医療にかかる一部負担金の減免を行う保険者（自治体）に対し、国として財政支援を行っている。対象に該当しそうな人は、住まいの自治体に問い合わせ、適用を求めよう。

（7）保険証がない！

前項の（6）は手元に保険証はあるが、窓口で支払うお金がない場合である。ではそもそも保険証がない人が、病院にかかりたい時はどうしたらいいか。やはり自治体の窓口に行き、「今は払えない」ことを説明し、「短期保険証」を発行してもらおう。

政府は、国保料が払えず保険証が取り上げられた世帯について「医療の必要が生じ、世帯主が市町村窓口で医療機関への医療費の一時支払いが困難と申し出た場合、短期保険証を交付すること」を閣議決定している。また国保法（9条の6項）では、保険診療を受けられるものの窓口では10割負担になる「資格証明書」の世帯に属する、18歳に達してから最初の3月31日を迎えるまでの子どもには、有効期間6か月の保険証を交付すること、ともされている。

（8）「無料低額診療所」という存在

あまり知られていないが、「無料低額診療事業」という事業がある。社会福祉法第2条に基づき、生計困難者（低所得者、要保護者、ホームレス、DV被害者、人身取引被害者など）が経済的な理由によって必要な医療を受ける機会を制限されることのないよう、無料または低額な料金で診療を行う事業だ。病院としては患者の減免費用が各院の持ち出しとなり、また国や自治体からの補塡などもないが、固定資産税など税制措置の優遇がある。

実施している診療施設は全国で738施設（令和4年度）。参考までに東京都内の一覧を巻末に掲載しよう。減免の基準は施設ごとに規定している。

利用方法は医療機関に直接相談してもいいが、社会福祉協議会や福祉事務所に相談してからのほうがスムーズだ。いざという時の手段として知っておいてほしい。

住まいの自治体の職員とトラブッたら……

国保料の滞納に悩んだ時はまず「住まいの自治体窓口」に相談すること。しかし、分納額を一方的に決められる、分納していても差し押さえられるなど強硬姿勢の自治体もある。そこで以前は税理士などの専門家で構成する「滞納相談センター」を記事で紹介していたのだが、第3章に記載したように、そこは24年6月に業務をストップしてしまった。

代わりとなる相談窓口がないか、本書を取材執筆しながら考えていたが、都道府県の国民健康保険の担当部署に相談するのも一案だ。東京都であれば東京都保険医療局の国民健康保険課になる。保険に関わる手続きや申請は、住まいの区市町村になるし、相談もまずはそこに出向いてほしいが、もしどうしても困った時には、都道府県レベルの国民健康保険の担当部署へ。

コラム　ちょっと耳寄りな話

所得税・住民税が安くなる3つの方法

残念ながら国保料には影響しないが、課税所得を減らし、所得税や住民税が安くなる方法を紹介する。

(1) 国保料の支払いはきちんと控除を

毎年支払っている国保料は、確定申告の「社会保険料控除」に記載し、所得から控除しよう。生命保険のような控除証明書はないことのほうが多いので、自分で1年分を計算して、そのほかの国民年金などと合算して記入すること。その際、過去に滞納した分も今年支払ったのであれば足してOK。税理士の石川幸恵氏が解説する。

「過去のいつの分でも、払った年で控除ができます。また事情により離れて暮らしているけれども、生計を一にする親御さんや子どもの分を自分が払ったとしたら、もちろんその分も社会保険料控除に足してください。同居している場合は、世帯主にまとめて全員分の振込通知がきますが、実際にそれを家族内でどのように負担したかは自己申告ベースになります」

言うまでもないが、嘘はいけない。税務調査が入った際に、すぐにバレてしまう。

私も文美国保は56万円だが、23年まで30万円の分納の支払いが続いていたため、それを合算した。国民年金なども足して、今年申告した令和5年度分は社会保険料控除が約71万円。ちなみに国保料の「延滞金」の支払いは、残念ながら社会保険料控除にならない……。

(2) 利益が多い年に減税できる方法

業種が限られてしまうが、前々年、前年と比べて臨時的に収入がすごく増えたり、収入の変動が激しい人に対して税金を緩和する制度がある。

「『変動所得・臨時所得の平均課税制度』といい、印税や作曲などで、その作品がす

ごくあたって収入がぐんと増えた場合に、少し税率を低くしてあげましょうというものです」（石川税理士）

対象は、漁獲やのりの採取、特定の養殖、原稿料、作曲の報酬、著作権の使用料による所得で、これを「変動所得」という。また、土地や建物などの不動産、借地権、特許権などで一時に受ける権利金や頭金、公共事業の施行などに伴い、事業を休業や転業、廃業することによる、3年以上の事業所得の補償金など「臨時所得」も対象。「ただし不動産関係は、3年以上の期間他人に使用させることで一時に受ける権利や頭金など、細かい規定がさまざまあります。臨時所得ではなく譲渡所得に分類されてしまうと適用できませんので、詳しくは税務署や税理士に尋ねてください」（同）

計算方法もややこしく、一概に「これだけ安くなる」と示せないが、例えば前年に所得がなく、今年印税収入で課税所得が1000万円発生した場合（うらやましい！）、平均課税制度を利用しなければ、所得税の納税額が約176万円になるが、この制度を利用すると約50万円になり、納税額がおよそ126万円も変わることになる。

申告の仕方は「変動所得・臨時所得の平均課税の計算書」が国税庁の確定申告作成のサイトにあるので、それに沿って入力していくことになる。臨時的な収入があった場合、平均課税制度が適用できないか、検討してほしい。

（3）将来の「退職金」を作り、所得を下げる

自営業者やフリーランスなどの個人事業主、零細企業には退職金がない。

「ですから、税金の控除を受けて節税をしながら退職金を積み立て、将来のリタイア後に備えましょうという制度が2つあります」と、ファイナンシャルプランナーの内藤眞弓氏が説明する。

「ひとつは小規模企業共済です。ここに加入して掛金を支払えば、その支払った掛金全額が所得控除の対象となり、引退（退職、廃業）した際に払い戻されます。月々の掛金は1000円から7万円まで500円単位で自由に設定が可能で、満額なら年収から84万円が控除になります」

扶養控除などと同様に所得から支払った掛金を控除できるので、所得税、住民税を安くする節税効果があるということだ。

またもし資金繰りが厳しい時は、それまで自分が支払った掛金から算定した限度額

まで貸付を受けることもできる。ただし20年以上加入しなければ損してしまうこともあるので、目先の節税にとらわれず、十分に検討してから加入したい。

もうひとつは「個人型確定拠出年金（iDeCo）」だ。

「自分が支払った掛金を自分で運用し、資産を形成する私的年金制度です。こちらも月々5000円から始められ、掛金を1000円単位で自由に設定でき、掛金とその運用益との合計額を60歳以降に受け取ることができます。もちろん税優遇もあります。先の小規模企業共済と併用も可能ですから、2つ合わせるとかなりの節税効果があるのではないでしょうか」

内藤氏は国保料が上がることを恐れず、〝稼ぐ手はゆるめない〟ことを推奨する。上記2つの節税対策では国保料は下がらないが、これで所得税と住民税の負担が軽くなる。

「昔と違って70歳で人生を終わりにできない、90歳まで生きるのは当たり前という時代です。60歳で定年退職したとしたらあと30年以上生きなければならないのです。自分の稼ぐ力をフルにして引っ張ること、身の丈にあった生活で楽しむ能力が大切だと思います」（内藤氏）

会社員を含め、年代別にアドバイスをいただいた。
「すでに60歳を超えている人、もう会社の定年退職間近な人の多くは〝勝ち逃げ〟組です。どういうことかというと、高度成長の残滓《ざんし》をひきずる頃に現役で、バブル崩壊後もそれほど給料が下がらず、預金金利が高かった時代。〝つみたてくん〟などで頭金をつくって、住居を購入できたでしょう。退職金だってしっかりもらえる。でも50代より下は同じようにはいきません。特に50代は上の世代をみていて『自分たちも』と思うかもしれませんが、そういった希望は捨て、少なくとも年金が受給開始になる65歳までしっかり働いて貯めてください」(同)
会社員の場合、60歳以降は希望すれば同じ職場で働けるが、給与は下がっていくことを心したい。
「60歳から65歳まで基本的には年金がなく、収入は半分になると思ってください。悠々自適に生活していると退職金もどんどん減ってしまいますから、60歳以降は半分の生活費で暮らせるようなスタイルになるといいですね」(同)
私を含めた40代に、今後の注意点はあるのか？　とたずねると、意外にも内藤氏は「現在30代40代の世代は〝不景気の時代〟を生きてきたため、それが強みである」という。
「年齢とともに収入が上がることを期待しない世代でしょう。ある意味、堅実です。ただし結婚や出産などで働き方をペースダウンしたり、仕事を手放してしまった人も多いのではないでしょうか。今からでも遅くありません。働ける人は働く、そして自分の子ども世代には仕事は手放すな、と伝えてほしい」

就職氷河期を経験した世代は、共働きも転職も当たり前。時代とともに否応なく変化してきた。言い換えると、どんな環境でも働き続けるスキルがあるということかもしれない。

しっかり働いて稼いで、国保料を含めた税を納付し、利用できるものは使っていく。弱い人たちには寛容に接し、次の世代に皆保険制度をつないでいく。そんな生き方を楽しみながらできたら、かっこいいという気がした。

第5章　皆保険を残すために、そしてあなたが健康でいられるように

これまでプレジデントオンラインや『サンデー毎日』で国保に関する記事をたびたび執筆した。その記事がＹａｈｏｏ！に転載されると数百のコメントが並び、記事を掲載したサンデー毎日の編集部や私のブログには、読者からの意見も届いた。みなさんの思いを概要として紹介しながら、国保の問題点を整理し、未来に向けての健康保険のあり方について考えてみたい。

「上限額」を撤廃せよ

まず、やはり「国保料が高い」ことに怒っている人はとても多い。

保険料の総額で家が買える、これがあれば老後資金になると述べる人もいた。たしかに所得300万円でも国保料は約64万円。40年間支払えば2500万円を超える。かつて「公的年金以外に老後の資金として2000万円が必要」という金融庁HP掲載の金融審議会の報告書が話題になったが、国保料を納めなければ……という気持ちがわからなくはない。

またこれまで記したように国保料は住民税や所得税よりも高く、低所得者や中所得者にとっての負担が過重である。保険料の最大上限額が3年連続で上がり続けているが、第1章で佛教大学社会福祉学部准教授の長友薫輝氏が述べたように「限度額を引き上げるとその負担は加入者全体に及ぶ」のである。

だからこそ「上限額そのものを撤廃したほうがいい」と、立正大学社会福祉学部の芝田英昭教授は言う。現在の国保料の年間総限度額は106万円。これを撤廃し、どこまでも所得に応じて払うのだ。私も賛成である。

「1年間に106万円の国保料を支払うのは、年収1000万円くらいの人まではキツイと思いますが、逆に世帯年収が2000万円、3000万円の人であれば、それほどの負担ではないでしょう。高所得者にもう少し負担をしてもらい、低中所得層の負担を

軽くする。そうすれば応益割（均等割・平等割）もなくせるのではないでしょうか」（芝田教授）

応益割は、収入などに関係なく一律に課すもの。これがある公的医療保険は国保だけであり、低中所得者の負担を重くしている。本来なら国保も、被用者保険と同じように「所得（収入）に応じて保険料が決まる」仕組みであるといい。

1兆円の公費投入で「協会けんぽ」並みに

また芝田教授は「健康保険を1つの仕組みにしたほうがいい」とも言う。

「おそらく政府は将来的に、健康保険を国民健康保険のほうに一本化し、企業側の負担をなくすという考えだと思いますが、私は被用者保険に国保加入者を入れたほうがいいと考えています。ハードルは高いと思いますが、無職や高齢者の人たちを企業の被用者保険に入れていき、全体でケアするという形がいいのではないでしょうか」

ただしそれでは企業の負担が重くなる。どのような形にせよ「健康保険を統合する」のは何十年もかかる話である。

現状は高齢者が多い国保加入者の間で医療費が高くなり、高額な保険料に結びついている。その保険料を下げるためには財源が必要で、そこを何とかしなければならない。本書で意見を述べた識者は皆、「国庫（公費）負担を上げること」を指摘する。もちろんそれも重要だ。

長友氏は「自治体の努力だけではもう限界なんです」と強調する。

「会社員が加入する組合健保や協会けんぽも、国保に対する納付金や、後期高齢者医療保険制度への支援金が非常に重たい。組合健保や協会けんぽにすれば、なぜ国保や後期高齢者を支援しなければいけないんだ、おかげで赤字じゃないかと思うでしょう」

健康保険組合連合会が24年4月に発表した「令和6年度　健康保険組合　予算編成状況」によると、組合健保は全国約1400組合のうち1194組合が赤字。赤字総額は6841億円になる見通しだ。

「もちろん国保側も厳しい。国からのお金を医療保険同士で奪い合う形になっているのです。ですから健康保険同士が〝いがみ合う〟のではなく、医療保険全体に対する国庫負担を求めていくという声を上げることが大事です」（長友氏）

国保法は１９４８年に改正された。設立時の国保法（旧法）では相互扶助・共助の制度だったが、50年に出された「社会保障制度に関する勧告」では「生活保障すなわち社会保障の責任は国にある」と明言された。56年の「医療保障制度に関する勧告」では「医療を受ける機会の不平等が疾病や貧困の最大原因である」ことが指摘され、この勧告が「国民皆保険」につながっていく。

大阪社会保障推進協議会事務局長の寺内順子氏が説明する。

「57年度版の厚生白書には医療保険の適用を受けていない国民は約２９００万人、総人口の32％に及ぶと報告されています。無職者、高齢者、病人をすべて抱え込む医療保険制度をどうするか、そこで地域保険である国保を再編成し、59年に新国保法が施行されたのです」

新法では〝相互扶助〟の精神は消え、第４条に国の責務が明記され、国庫負担の根拠と捉えられる。

「国庫負担率を上げなければ、国保料は下がりません。国保料を中小企業の労働者が加入する『協会けんぽ』並みにするのにどれくらいの財源が必要かといえば、１兆円という試算がされています。１兆円の公費投入で応益割をなくせば、全国平均で１世帯あた

り年間16万円も国保料が軽減されるのです。国庫負担金を増やすことが急務だと考えます」（寺内氏）

国庫負担を上げる以外には、芝田教授が提案する上限額撤廃、そしてもうひとつ、会社員には怒られてしまうかもしれないが「不動産所得のある給与所得者」に支援をしてもらえないだろうか。会社員は勤め先で社会保険に入っていれば、国保に加入する必要はなく、保険料も上がらないからだ。

「それに株の配当などの不労所得にも課税をするべきでしょう」と、税理士の服部修氏が提案する。第2章で紹介したように、株式投資を行う際に特定口座を選択した場合は、確定申告が不要で、国保料の算定の際の所得に含まれない。

だが金融所得に関してはすでに不公平が指摘されているので、今後は保険料の算定に関わってくる可能性が高いだろう。

保険診療を減らすべきか？

さて国保の制度維持が厳しいというと、財源への指摘の一方で、支出の面である「命にかかわらない診療は〝保険の対象〟から外すべきだ」という指摘がしばしばなされる。Ｙａｈｏｏ！のコメントでもよく見かけるし、私のブログにもそういった声が寄せられる。しかし長友氏はこれを否定する。

「アメリカの医療費はものすごく高いでしょう。あそこは高齢者や障害者、低所得者以外は公的な医療保険がありません。つまり日本における〝診療報酬〟がなく、〝医者の言い値〟なのです。ある治療を医者が10万円といえば10万円になる。風邪薬や湿布薬なら保険診療から外せばいいのではないかという声がよくありますが、自由診療が増えるほど医療費が膨らむのです。公的医療保険があり、診療報酬制度があるから、医療費がコントロールされている。軽症段階で病院に気軽にいけるから、重症化しない。〝保険診療のほうが医療費がかかる〟というのは幻想です」

自由診療が増えるほど医療費が膨らむというのは、「出産費用」がそれに近い様子を表していると思う。

日本では病気ではないという概念から、妊娠・出産費用が保険適用ではなく、その代わり出産した者には出産育児一時金が支給される。しかし、出産育児一時金が増額されれば、医療機関の価格改定がされ、またさらに出産費用が吊り上がるという循環に陥っている。実際、出産育児一時金制度がスタートした30年前は、30万円の支給額。私もおよそ20年前に2人の子どもを出産しているが、30万円台前半の額で出産が可能だった。当時と比べて今の出産にまつわる環境が劇的に変化したわけではないのに、出産費用だけが高騰していく状況に違和感を覚える。

もし日本で自由診療がどんどん増えていき、一方で低所得者が医療を受けられない状態になれば、さすがに国は何もしないわけにはいかない。公費を投入することになり、その額がどんどん膨らんでいき、医療費が今よりも高くなる可能性がある。保険診療があるからこそ医療費がコントロールされているのは、まさしくその通りだ。だから私たちが支払う保険料をこれ以上上げないためにも、「保険診療」は維持したほうが良いのだ。

けれども、それを踏まえたとしても、私たちが「医療の無駄」を感じやすいのは、薬を処方されているのに決まった通り服用していない人や、病院にたむろする高齢者を目にしているからだろう。だが見方を変えれば、一見元気そうな高齢者が病院を受診していたとしても、早期発見・早期治療のほうが医療費はかからない。また日本の医療制度設計の問題もある。検査や薬の処方をしなくても、医師から患者へ口頭で医学的指導をする時も診療報酬が加算されるような制度になれば、「無駄」が減る。

そして個人としては信頼できる医師のところで診察や治療を受け、自分で病気を予防していくという意識が重要だ。皮肉な話だが、日本のような皆保険制度がない海外では、治療費が高くなるのを防ぐため、患者が進んで健診を受け、病を予防する意識が高い。一方で、保険診療がある日本は、安く治療を受けられることでかえって予防に対する意識が低くなってしまう。そういった医師の声がとても多い。私も実際、普段医療健康の記事を書いていて「予防」の記事は読まれないと感じる。

だがめげずに、最後は個人の健康を守る術を記したい。それが最終的に医療費を、国保料を下げることにつながっていくからだ。

国保加入者・65歳以上はメタボ率が上がるワケ

以前、全国の救急医療を取材していた時、飯塚病院特任副院長で救急科の鮎川勝彦《あゆかわかつひこ》医師は「救急はかなりの部分で予防可能である」と話していた。

「交通事故も平成の始まりと比較すると半分以下に少なくなっていますが、病気も起こり得ることを予見して早めに対応すれば防げることが多い。例えば熱中症もそうですが、初期の対応で重症化を避けられる。もちろん年を取って発症する病気はどうしようもない部分もありますが、それさえも食事や運動、規則正しい生活で遅らせることができるんです」

救急と同様、慢性疾患もそうだろう。糖尿病やがんなどの生活習慣病は、その名の通り、生活習慣でリスクを下げられる面がかなりある（もちろんそれだけではない。私の母は規則正しい健康的な生活を送っていたが、24歳という若さでがんのため死亡した。一方、喫煙者で100歳まで生きる人もいる）。確率の問題なのだが、長く健康的な生活を送っている人ほどやはり病にはなりにくい。

筆者居住地の区役所・K職員からこんな話を聞いた。

「我々の区では国保健診の40歳以上から64歳以下の結果は、メタボ（メタボリックシンドローム：動脈硬化のリスクを高める）比率が東京都平均より低いのです。が、65歳以降にはぐっと高くなります」

なぜだろうか。

「要因のひとつとして、退職を迎えて被用者保険（組合健保や協会けんぽ）から国保に加入してくる人たちがその比率を上げてしまうようです。被用者保険に加入している時には不摂生をしつつも病にはならなかった。しかし国保に加入する時点でリスクが高くなり、メタボ状態。すると加入中に実際に病気になってしまう人もいるでしょう。糖尿病などは長い時間をかけて体を蝕《むしば》んでいくといいますから」

例えば６年間高血糖状態が続いた人たちが7年目から血糖コントロールを始めても、最初から血糖コントロールを行った人と比べて30年後の死亡率が高いと報告されている。昭和大学医学部教授の山岸昌一《やまぎししょういち》医師も、「今までの血糖値がどれほど高かったかが将来の寿命の決め手」と述べている。

「ケアしなければいけないのは、血糖値の高さだけではなく、血糖値が高い状態がどれくらいの時間続いたか、なのです。時間の枠で考えると、例えば血糖値３００㎎／dℓは良くない数値ですが、それが5日で済むのであれば、２００㎖／dℓの血糖値が5年続くよりもマシということです」

今現在、どんな健康保険に加入している人であっても、今一度自分の生活を振り返ってほしい。検査結果の数値には出てこなくても体調の変化がないだろうか。

芝田教授は、「『国民健康・栄養調査』によれば、所得が低いほど病気になりそうな生活習慣を送っている」と指摘する。

「所得の低い人ほど喫煙率が高い傾向にあります。タバコ代がかかるのに理由は正確にはわかりませんが、簡単にストレス解消ができる方法なのかもしれません。また、所得の低い人のほうが栄養バランスが悪いですし、1日の歩数も低所得者のほうが少ない。所得が高い人は、主食・主菜・副菜を組み合わせて食べ、1日の歩数も多い傾向にある。お金があることで、自分の健康に気を配る余裕があるともいえるでしょう」

所得が少ないと健診の未受診が増えることもわかっている。健診を受けることは、その内容よりも、自分の体に目を向けられ健康診断の結果を受け止められる生活を送っていることの表れだと私は思う。

改めて国保加入者は年齢層が高いというだけでなく、所得が低いことからも病気になりやすい人が多いといえる。そして保険料が高いために支払いに苦しみ、ますます貧困が進み、病院にかかれず、早期発見ができないのでは負のスパイラルではないか。実は私も20代の頃、その日に食べるものにも困るような貧困生活を送っていたことがあるので、お金がない、生活に余裕がない、だから「将来への投資」（＝ここでは健康のことだ）ができない状況はよくわかる。

そこでこれまで長年、医療健康情報を取材執筆していた経験から、お金や時間がなくても今すぐできること、しかも健康への効果が大きい２つについて次に記したい。

コラム　ちょっと耳寄りな話

科学的根拠が確かな健康になる2つの方法

「朝食摂取」と「歩くこと」は、単なる流行りの健康情報ではない。世界中で驚くほど膨大な研究報告があるのだ。

(1) 朝食摂取

健康のために最低限やらなければいけないことといったら、「朝食摂取だけ」といってもいいほど、その効果は大きい。

東北大学加齢医学研究所の調査では朝食習慣のある学生のほうが志望する大学、それも偏差値の高い大学に入ったことがわかっている。さらに就職した会社、年収も、朝食摂取と関係がみられる。毎日朝食を摂取する人ほど第1志望の企業に就職し、年収が高いグループになるほど、小学生から朝食を毎日食べていた人の割合が高い。

なぜこのようなパフォーマンスの違いが起きるかというと、これには「体内時計」が深く関わる。

「体内時計とは主に約1日（24時間）周期、すなわち昼夜に合わせて体温やホルモン分泌など体内環境を変化させる機能の総称です」

と、明治大学農学部の中村孝博《たかひろ》教授が説明する。２０１７年にノーベル生理学・医学賞の受賞理由にもなった「体内時計」は、地球上に住むほぼすべての生物がもつ生命の根本現象。そのため医学、薬学、理学、農学をはじめ、最近は情報科学系などの専門家も加わって、さまざまな方面から研究が進められている。世界規模では毎日新しい論文が発表されているといわれるほどだ。

「人体のあらゆる細胞――内臓器官、胃や腸、膵臓《すいぞう》などをはじめ、皮膚や筋肉、血液に至るまで――には時計遺伝子が存在しています。そして日中に活動状態となり、夜は自然と眠くなるような1日周期のリズムを時計遺伝子が司《つかさど》っているのです」（中村教授）

時計遺伝子が作り出す体内時計はいつも正確に時を刻んでいるわけではなく、放っておくと徐々に時間がずれていく。そのため毎日、時計の針をリセットしなければ、正確なリズムが刻めなくなる。リセットに欠かせないのが、「光と朝食」だ。

脳には、体内時計の司令塔（中枢時計）が存在する。中枢時計が光（主に太陽光）を感じて時計を合わせると、臓器などに存在する時計遺伝子（末梢時計）へ時刻情報を伝える。末梢時計は中枢時計からの時刻情報に加えて、「食事」や「運動」などの刺激によってリセットされ、24時間のカウントを始める。このリズムが規則正しく刻めると、臓器の働きやホルモン分泌など、体の生理機能が働くべき時に十分機能する。すなわち、その人のパフォーマンスが高まるのだ。

早稲田大学名誉教授で広島大学医系科学研究科の柴田《しばた》重信《しげのぶ》特任教授は「朝食を摂取しないことは、体に朝の時間を教えないこと」と話す。

「例えば朝起きて光だけ浴びて、昼まで何も食べないとすると中枢時計と末梢時計の足並みがそろわず、体内にズレが生じやすい。海外旅行に行かずして時差ぼけになっている状態。1週間の中で同じ時間に〝光と朝食〟をセットにした生活が増えるほど正しいリズムが刻めます」

体内時計はパフォーマンスだけでなく、健康にも大きく影響する。朝食欠食者は肥満、高血圧、糖尿病、脂質異常症のリスクが高くなることが明らかなのだ。

朝食の内容は脳のエネルギー源となる糖質（主食）と、体温を上げて、筋肉量を維持するタンパク質（卵、魚、納豆、肉など）のセットが望ましい。主食はごはんでもパンでもＯＫだが、魚油が体内時計をリセットする効果が高いことがわかっている。お金も時間もなければ、朝はツナサンド、魚肉ソーセージ、ヨーグルト（できればバナナかキウイをプラスしたい！）のいずれかでもある程度のバランスが取れる。

（２）毎日8000歩以上歩く

ジムに通ったり、厳しいトレーニングをする必要はなく、「ただ歩く」だけでかなり多くの健康効果が望める。

アメリカ国立がん研究所の研究グループが「１日の歩数と死亡率の関係」を調べたところ、歩数が多いほど死亡率が低いことがわかっている。しかし１万歩以上はそれほど大きく死亡率に変化がない。逆に過度な疲労は免疫力低下のおそれがある。だから最大でも１万歩までがいい。

また食べたもの（摂取カロリー）は変わらなくても、消費カロリーは加齢とともに低下しやすく、年を取ると太りやすくなる。消費カロリー（正しくは「消費エネルギー」という）とは基礎代謝量（生命活動を維持するためじっとしていても消費されるエネルギー）と活動量を合わせたもので、摂取カロリーが消費カロリーを上回れば体重増に。管理栄養士の望月理恵子《もちづきりえこ》氏によると、

「体重60キロの男性の場合、1日の基礎代謝量の推定値は20代で1422キロカロリー、50代になると1308キロカロリーになります。若い頃と同じものを食べていると、日々あまったカロリーが積み重なって、およそ7000キロカロリーで体重1キロ増に。つまり、この男性の場合なら単純計算で61日で1キロ太ります。ですから年を取るほど動くことを意識し、活動量を上げていきましょう」

日々の余分なカロリーを消費し、メタボを予防するためにも歩くことが勧められるというわけだ。

1万歩はゆっくり歩くと100分かかる。時間がとれない人は「こまめに動く」のがお勧め。

日本呼吸器学会指導医で、池袋大谷クリニック院長の大谷義夫《おおたによしお》医師は「できれば

〝食べたら歩く〟を意識するといいでしょう。食後に血糖値が急上昇する状態が長く続くと病気や不調を招いてしまいますが、食後すぐに歩けば血糖値が急上昇しないことが報告されています」と説明する。大谷医師も朝食後の診察前に2000歩、昼食後の休憩時に3000歩、夕食後に4000歩を心がけているそうだ。また1日1万歩がベストだが、まずは8000歩くらいを目標にすると継続しやすいかもしれない。それでも十分にさまざまな良い効果がある。

歩くことは死亡率低下やカロリー消費にとどまらず、全身の健康に貢献する。なんとがんや糖尿病、認知症の発症を予防し、腎機能の低下をゆるやかにするのだ。大谷医師は世界中からの論文を根拠に、ウォーキングのメリットや歩き方を著書『1日1万歩を続けなさい』（ダイヤモンド社）にまとめている。

同書ではそれぞれの根拠となる論文も示されている。個人的に驚いたのが、「睡眠と歩数の関係」だ。大分大学が平均年齢73歳の男女860人の毎日の歩数と睡眠について分析したところ、1日の歩数が多ければ多いほど「睡眠の質」が良かったという。また1日の歩数が多い人は夜中に目が覚める時間と回数が少なく、高齢者の睡眠障害の予防にも有効だと結論づけている。

歩く時間帯は「朝」がいい。体内時計がリセットされ、幸せホルモンといわれるセロトニンが分泌されるからだ。

早速明朝から始めよう。そして健康保険証を使うリスクを下げよう。医療にかからないとますます「保険料が高い」とブツブツ言いたくなるが、幸せに元気になると、「仕方ない。がんばるか」という意欲がわいてくる。

おわりに

本書は、退職前の会社員と、国保加入者に向けて執筆した。

国保加入者は半数以上を所得100万円未満で占めていると本文で述べたが、中所得者もそれなりにいる。年所得300万円以上から1000万円未満の世帯は加入者のおよそ9%、人数ではおよそ300万人以上だ。私もここに含まれるが、低所得者にはまだ行政や専門家が目をかけても、高い支払いを続ける国保加入者の中所得者には誰も何の手も差し伸べない。だから全国の仲間に励ましを送るような本を書きたかった。

しかし、「私は国保の専門家ではありません」ということを理由に、何人の人に取材を断られただろう。

税理士や社会保険労務士、弁護士、司法書士——誰もが国保の専門家ではないという。

そのような中、本書に登場してくださった方々には頭が上がらない。どの取材先の方もそれぞれの立場から専門分野を調べ直し、私に的確なアドバイスをくださった。私のしつこすぎる問い合わせにもサジを投げず、最後までお付き合いいただいたことに心からお礼を申し上げたい。

また、常日頃から国保問題に奮闘する大阪社会保障推進協議会事務局長の寺内順子さん、佛教大学社会福祉学部准教授の長友薫輝さんには、本書に限らずこれまでの数年間、さまざまな角度からアドバイスをいただいた。

国保問題は専門家だけでなく、出版社にも冷たくされる。

なんせ編集部にいる人は「会社員」で被用者保険、それも大抵「組合健保」加入者であるから、国保料が高い、この問題は切実に困っている人がいる、だから記事を出したいと訴えても、なかなか興味を示してもらえない。これまたいくつもの編集部に断られたが、私の古巣である『サンデー毎日』、そしてプレジデントオンライン編集部だけが歓迎してくれ、記事にすることができた。どちらも大きな反響を呼んだ。

そしてこの度、私の執念とも呼ぶべき熱意が実り、中公新書ラクレで書籍化できることになった。

「やりましょう」と即決し、私の背中を押してくださった中央公論新社書籍編集局部長の中西恵子さん、途中で「書けません……」と泣きべそをかく私を常に励ましてくださった担当編集者の齊藤智子さん、本当にありがとうございました。

さて第3章と第4章で「脱法的な差し押さえ」のひとつに、「給与などの全額差し押さえ」があると述べた。どんなに滞納額が膨らんでも、自治体は1人あたり10万円程度の給与は差し押さえてはならないという話である。

本書立案の打ち合わせで、担当編集者の齊藤さんにそれを伝えると、彼女は「でも10万円では心許ないですよね」と嘆いた。だがその時、実はその額さえも私の口座にはなかった。この時に限らず、大抵私の口座に残っているのは10万円以下である。毎年700～800万円の収入を得ていても、保険料はじめすべての税を支払い、通常の生活費と教育費を引けば、ほぼ手元には残らない。それだけ国保料を含めた税金の負担が重くなっているということだ。ただ逆にいえば、そんな私でも国保料を毎年納め、仕事を続けている。現在のところ滞納も分割納付もしていない。

それをもっと誇りに思おうと、先日別件で俳優の泉谷しげるさんに取材をした時に決意した。76歳になる泉谷さんは笑顔と力があふれていた。お金があるからではない。自分で元気を出そうとしているからパワーがあるのだ。

泉谷さんは自分を、そして誰かを勝手に「可哀想な人」にしない。勝手に「何もできない人」にしない。勝手に「年寄り」にしない。

「人に頼らない元気さをもとう」と言う。おなかが空く限り、きっと人は回復できると、繰り返す。

国保は、国や他の公的医療保険から支援されているかもしれない。けれど国保加入者の中間所得層である私たちもそれに負けないくらい国保を支え、日本の皆保険制度を守っている。そんなプライドを胸に、国保加入者である私も、あなたも、これからも元気に楽しく生きていこう。

王子生協病院　北区豊島3-4-15　03-3912-2201
上智クリニック　荒川区町屋4-9-10　03-3892-4514
日暮里上宮病院　荒川区東日暮里2-29-8　03-3891-5291
板橋区医師会病院　板橋区高島平3-12-6　03-3975-8151
小豆沢病院　板橋区小豆沢1-6-8　03-3966-8411
大泉生協病院　練馬区東大泉6-3-3　03-5387-3111
勝楽堂病院　足立区千住柳町5-1　03-3881-0137
柳原病院　足立区千住曙町35-1　03-3882-1928
柳原リハビリテーション病院　足立区柳原1-27-5　03-5813-2121
西新井病院　足立区西新井本町1-12-12　03-5647-1700
西新井ハートセントラルクリニック　足立区西新井本町1-12-8
03-5838-0730
西新井病院附属成和クリニック　足立区西新井本町5-7-14
E. M. S ビル2, 3階　03-5888-6601
江戸川病院　江戸川区東小岩2-24-18　03-3673-1221
メディカルプラザ江戸川　江戸川区東小岩2-6-1　03-3673-1566
立川相互病院　立川市緑町4-1　042-525-2585
立川相互ふれあいクリニック　立川市錦町1-23-4　042-524-1371
相互歯科　立川市錦町1-17-10 健生会歯科ビル　042-525-6480
健生会ふれあい相互病院　立川市錦町1-16-15　042-512-8720
昭島病院　昭島市中神町1260　042-546-3111
桜町病院　小金井市桜町1-2-20　042-383-4111
多摩済生病院　小平市美園町3-11-1　042-341-1611
南台病院　小平市小川町1-485　042-341-7111
東京白十字病院　東村山市諏訪町2-26-1　042-391-6111
緑風荘病院　東村山市萩山町3-31-1　042-392-1101
国分寺病院　国分寺市東恋ヶ窪4-2-2　042-322-0123
救世軍清瀬病院　清瀬市竹丘1-17-9　042-491-1411
清瀬リハビリテーション病院　清瀬市竹丘3-3-33　042-493-6111
信愛病院　清瀬市梅園2-5-9　042-491-3211
ベトレヘムの園病院　清瀬市梅園3-14-72　042-491-2525
桜ヶ丘記念病院　多摩市連光寺1-1-1　042-375-6311
風と森メンタルクリニック　多摩市落合1-35
ライオンズプラザ多摩センター3階　042-400-6111

付録　無料低額診療事業　実施施設の一覧

(東京都内)(令和6年4月)　※東京都福祉局HPより転載

三井記念病院　千代田区神田和泉町1　03-3862-9111
総合母子保健センター愛育病院　港区芝浦1-16-10
　03-6453-7300
総合母子保健センター愛育クリニック　港区南麻布5-6-8
　03-3473-8310
東京都済生会中央病院　港区三田1-4-17　03-3451-8211
聖母病院　新宿区中落合2-5-1　03-3951-1111
浅草寺病院　台東区浅草2-30-17　03-3841-3330
橋場診療所　台東区橋場2-2-5　03-3875-8480
橋場診療所歯科　台東区橋場2-2-5　03-3875-8480
すみだ共立診療所　墨田区墨田3-41-15　03-3611-5545
同愛記念病院　墨田区横網2-1-11　03-3625-6381
賛育会病院　墨田区太平3-20-2　03-3622-9191
東京都済生会向島病院　墨田区八広1-5-10　03-3610-3651
あそか病院　江東区住吉1-18-1　03-3632-0290
大田病院　大田区大森東4-4-14　03-3762-8421
大田病院附属大森中診療所　大田区大森中1-22-2　03-6404-2301
大田歯科　大田区大森東4-3-11　03-3762-0418
久我山病院　世田谷区北烏山2-14-20　03-3309-1111
児玉経堂病院　世田谷区経堂2-5-21　03-3420-1028
有隣病院　世田谷区船橋2-15-38　03-3482-3611
代々木病院　渋谷区千駄ヶ谷1-30-7　03-3404-7661
中野江古田病院　中野区江古田4-19-9　03-3387-7321
武蔵野療園病院　中野区江古田2-24-11　03-3389-5511
中野共立病院　中野区中野5-44-7　03-3386-3166
中野共立病院附属中野共立診療所　中野区中野5-45-4
　03-3386-7311
川島診療所　中野区弥生町3-27-11　03-3372-4438
救世軍ブース記念病院　杉並区和田1-40-5　03-3381-7236
浴風会病院　杉並区高井戸西1-12-1　03-3332-6511
滝野川病院　北区滝野川2-32-12　03-3910-6336

▩本書にご協力いただいた皆様（順不同）

内藤眞弓さん
生活設計塾クルー

長友薫輝准教授
佛教大学社会福祉学部

寺内順子さん
大阪社会保障推進協議会事務局長

芝田英昭教授
立正大学社会福祉学部

服部修税理士
服部会計事務所代表

太田哲二さん
杉並区議会議員ＯＢ
「お金と福祉の勉強会」代表

石川幸恵税理士
石川幸恵税理士事務所

角谷啓一税理士

山本淑子さん
全日本民主医療機関連合会事務局次長

師岡徹税理士
師岡徹税理士事務所

鮎川勝彦医師
飯塚病院特任副院長

山岸昌一医師
昭和大学医学部教授

中村孝博教授
明治大学農学部

柴田重信特任教授
広島大学医系科学研究科

大谷義夫医師
池袋大谷クリニック院長

望月理恵子さん
管理栄養士

故　仲道宗弘さん
司法書士

そのほか
国保加入者の皆さん
筆者居住地の区役所職員

【監修】
第２章
内藤眞弓さん（ファイナンシャルプランナー）

第３章と第４章
増田良文さん（弁護士）

笹井恵里子　Sasai Eriko

1978年生まれ。本名・梨本恵里子。「サンデー毎日」記者を経て、2018年よりフリーランスとして活動。日本文藝家協会会員。自身はかつて地方公務員だったため共済組合だったが、およそ10年前から国保に加入。3年前、高い国保料の通知を見て驚き、以来精力的に国保関連の取材を続けてきた。著書に『潜入・ゴミ屋敷』『実録・家で死ぬ』（ともに中公新書ラクレ）、『救急車が来なくなる日　医療崩壊と再生への道』（NHK出版新書）、『老けない最強食』（文春新書）など。

中公新書ラクレ 826

国民《こくみん》健康《けんこう》保険料《ほけんりょう》が高《たか》すぎる！

保険料《ほけんりょう》を下《さ》げる10のこと

2024年11月10日発行

著者……笹井恵里子《ささいえりこ》

発行者……安部順一

発行所……中央公論新社

〒100-8152 東京都千代田区大手町 1-7-1

電話……販売 03-5299-1730　編集 03-5299-1870

URL https://www.chuko.co.jp/

本文印刷…三晃印刷　カバー印刷…大熊整美堂　製本…小泉製本

Published by CHUOKORON-SHINSHA, INC.

Printed in Japan　ISBN978-4-12-150826-3　C1236

中公新書ラクレ　好評既刊

ラクレとは…la clef＝フランス語で「鍵」の意味です。
情報が氾濫するいま、時代を読み解き指針を示す
「知識の鍵」を提供します。

L733
潜入・ゴミ屋敷
—孤立社会が生む新しい病

笹井恵里子 著

きつい、汚い、危険。この「3K」で究極の仕事、ゴミ屋敷清掃。山積みのゴミを片付けるだけでなく、ときには虫がわいている箇所に手を突っ込み、人の便や尿さえも処理しなければならない。誰もやりたくないが、誰かがやらなければいけない。著者は、取材記者という身分を捨て、作業員の一人として、なりふり構わず片付けにあたった。多くの惨状を目の当たりにした現場レポートと、ゴミ屋敷化する原因と治療法を追い求めたルポルタージュ。

L778
実録・家で死ぬ
—在宅医療の理想と現実

笹井恵里子 著

最期を迎える場所として、ほとんどの人が自宅を希望する。しかし現在の日本では8割の人が病院で最期を迎える。では、「家で死ぬ」にはどうすればいいのか。実際には、どのような最期を迎えることになり、家族はなにを思うのか——。何年にもわたる入念な取材で語られる本音から、コロナ禍で亡くなった人、病床ひっ迫で在宅を余儀なくされた人の事例まで、在宅死に関わる人々や終末期医療の現場に足を運び、密着取材で詳らかにする。

L809
開業医の正体
—患者、看護師、お金のすべて

松永正訓 著

クリニックはどうやってどう作るの？　お金をどう工面しているの？　収入は？　どんな生活をしているの？　患者と患者家族に思うことは？　上から目線の大学病院にイライラするときとは？　看護師さんに何を求めているの？　診察しながら何を考えているの？　ワケあって開業医になりましたが、開業医って大変です。開業医のリアルと本音を包み隠さず明かします。開業医の正体がわかれば、良い医者を見つける手掛かりになるはずです。